Célestin Bouglé

De la sociologie
à l'action sociale

essai

ISBN : 978-1514249406

10 9 8 7 6 5 4 3 2 1

Célestin Bouglé

De la sociologie
à l'action sociale

essai

Table de Matières

Avant-propos

On réunit dans ce petit livre les résumés de quelques-unes des conférences qui m'ont été demandées depuis la guerre, par divers groupements de propagande : pacifistes et féministes, laïques et coopérateurs.

Le lecteur remarquera que, dans ces conférences elles-mêmes, je me suis efforcé d'incorporer et d'utiliser les résultats des recherches de sociologie proprement dite auxquelles j'ai pu d'autre part me livrer, par exemple en étudiant les idées égalitaires, la démocratie ou les castes.

Il ne lui échappera pas qu'en même temps, pour répondre aux nécessités d'une action sociale urgente, j'ai laissé voir des préférences, j'ai usé de « jugements de valeur » qui peut-être ne se laisseraient pas ramener, à des démonstrations purement scientifiques, à des « jugements de réalité ».

La question reste ouverte : la difficile question des rapports de la science avec l'action, de la sociologie avec la morale proprement dite.

J'ai touché pour ma part à cette question, qui obsède tant de philosophes aujourd'hui, en étudiant « l'évolution des valeurs » ; j'espère pouvoir y revenir quelque jour.

En attendant, il m'a semblé que ces conférences pouvaient présenter quelque utilité, non seulement pour les groupements constitués en vue de l'action, mais pour les milieux d'études : en particulier pour nos Écoles Normales primaires dont les élèves sont invités, par la récente transformation des programmes, à se faire une opinion sur les rapports de la sociologie et de la morale : les thèmes de propagande sociale ici proposés sont aussi matières à réflexions philosophiques.

Célestin Bouglé

Tradition française et Société des Nations [1]

Comment résister à l'appel de l'Association française pour la Société des Nations, à l'appel de la Société des Nations ?

Cet appel ressemble à celui qui monte d'un berceau. La Société des Nations, si j'ose le dire, en est encore à des vagissements. On ne résiste pas à un vagissement, on ne résiste pas à l'appel d'un enfant qu'on sent destiné à une si haute fortune, sur la tête de qui reposent les plus grandes espérances, et qu'il faut défendre aussi contre les mauvaises fées qui entourent son berceau.

Mais peut-être que, si classique qu'elle soit aujourd'hui, cette image ici nous trompe. Il faut se demander, si la Société des Nations porte bien en elle ce que porte un enfant. Un être vivant a en lui une force spontanée qui tend vers une, forme déterminée à l'avance.

On dirait que la nature connaît la forme en question comme une « idée directrice » et travaille spontanément à la réaliser.

Cette force et cette forme les voyons-nous l'œuvre quand il s'agit de la Société des Nations ?

Cela n'est pas sûr.

La spontanéité de l'organisation, c'est ce qui manque le plus ; la remarque s'impose à quiconque étudie d'un peu près l'œuvre de la Société des Nations. Quand on cherche à se rendre compte de ce qui a été fait déjà, on s'aperçoit que c'est une œuvre plutôt mécanique qu'organique : c'est comme une espèce de machinerie qu'on est en train de mettre sur pied. Ce sont des rouages qu'il faut engrener les uns avec les autres ; et c'est très compliqué.

Une Assemblée générale, un Conseil exécutif, un Secrétariat permanent, un Bureau d'hygiène, un Bureau de transit, un Bureau de finances, sans parler du Bureau International du Travail, que de mécanismes à monter et à coordonner !

Je vois ici l'œuvre des techniciens, des artisans du droit, des ouvriers horlogers, pourrait-on dire, qui sont en train de combiner des pièces bien agencées de manière à faire marcher une grande

---

1 Résumé d'une conférence faite à la *Ligue de l'Enseignement, sous les* auspices de *l'Association française pour la Société des Nations.*

horloge qui, enfin, donnerait l'heure au monde, qui ferait sonner l'heure, de l'humanité. Des images mécaniques viendraient donc ici à l'esprit plutôt que des images organiques. La Société des Nations nous ferait penser à un atelier plutôt qu'à un berceau.

Mais s'il n'y avait, pour constituer la Société des Nations que des techniciens, des artisans du droit, ce serait dommage, car il est probable qu'elle n'irait pas loin; il faut que dans tous les milieux, il se crée comme un courant de curiosité, de sympathie, de foi et d'espérance, par lequel seront soutenus ces ouvriers qui sont en train de construire la grande horloge ; il faut qu'ils se sentent entourés, contrôlés aussi, mais surtout réconfortés par l'attention universelle.

Bref, il faut à la Société des Nations, l'appoint de ces forces psychiques que le sociologue appelle la conscience collective. Si ces forces psycho-sociales n'entourent pas les techniciens du droit, pour presser sur eux et les soutenir, l'œuvre la mieux combinée risque de n'être pas viable. C'est ce que les organisateurs de la forme nouvelle n'ont pas manqué de rappeler.

M. Léon Bourgeois, dans une séance solennelle où l'on annonçait le nouveau « Covenant », n'a pas manqué de dire que le dernier mot resterait au peuple et que c'était par l'effort puissant des peuples que la Société des Nations s'imposerait.

M. Viviani, de son côté, dans une de ses belles harangues, laissait entendre qu'on n'aboutirait à rien si l'on était obligé de travailler dans le silence, dans l'indifférence et dans la nuit.

Donc, les forces psychiques sont ici nécessaires. Il faut que la Société des Nations s'impose à l'attention collective et suscite la sympathie générale.

Il n'est donc pas inutile, avant de démonter le, mécanisme de l'horloge, de se tenir un peu sur le seuil de l'atelier ; il n'est pas inutile d'essayer de dissiper les préventions, les équivoques, les malentendus que la Société des Nations trouve sur son chemin.

Une des préventions que rencontrent souvent chez nous les artisans de la Société des Nations est celle-ci : on laisse entendre que l'idée de la Société des Nations est une idée qui n'est guère, conforme à notre génie, à notre tempérament, à notre tradition, on laisse entendre que ce n'est pas une idée qui est dans la bonne ligne française et volontiers, si nous interrogions l'homme de la rue, et plus encore, la femme du salon, ils nous feraient savoir que la Société des Nations est un article d'importation américaine. C'est la faute à Wilson, c'est Wilson qui serait ici encore le bouc émissaire !

Il arrive quelquefois, comme vous savez, que l'homme de la rue et la femme des salons, plus souvent encore, insinuent que Wilson est venu brouiller les cartes ; c'est tout juste s'ils ne nous diront pas qu'il est venu nous voler la victoire en substituant, à la forme ailée de nos rêves, je ne sais quelle pièce montée, à la mode américaine, où l'on reconnaît toute sorte d'ingrédients puritains.

On sent là une chose étrangère qui nous gêne plutôt qu'elle ne nous sert. Alors on s'en détourne, on s'efforce d'en détourner la jeunesse, en laissant entendre que les vieilles traditions françaises valent mieux que tout cela.

Conceptions fort inexactes, c'est ce que je vais m'efforcer de démontrer tout d'abord, en établissant que la Société des Nations est loin d'être un article d'importation américaine et qu'elle est loin d'être en contradiction avec les traditions françaises.

Naturellement, en faisant cette démonstration, nous allons avoir l'air de diminuer systématiquement la part de Wilson. On entend bien en quel esprit nous le ferons.

Nous refusons d'oublier pour notre part qu'au signal de Wilson, après la préparation méthodique à laquelle il s'était livré sur l'opinion américaine, des millions de boys ont traversé les eaux pour venir à notre secours; nous refusons d'oublier le soulage. ment que nos poilus en ont éprouvé. Nous refusons d'oublier encore que si Wilson nous a aidés à gagner la victoire, il a essayé de nous aider à tuer définitivement la guerre...

Sur ce monceau, sur cet entassement de ruines et de cadavres, sur le « piédestal » monstrueux, qu'évoque si puissamment le peintre William Laparra, Wilson a planté un programme qui reste le drapeau de l'espérance humaine.

De cela, je crois que l'histoire lui tiendra compte et que le peuple ne l'oubliera pas.

Cet hommage rendu, qui n'est que justice, me permet de faire observer que dans ce programme wilsonien il a beaucoup d'articles que je reconnais et qui ont été écrits avec de l'encre française. Beaucoup, parmi les idées sur lesquelles il a appelé l'attention, font des idées de source française, il est aisé de démontrer qu'elles sont apparentées à notre tradition, à ce qu'il y a de meilleur dans notre tradition nationale.

*

* *

La tradition française, c'est chose tout à fait complexe. Ce n'est pas un arbre, c'est une forêt.

Quiconque enseigne l'histoire des idées françaises sait par une dure expérience combien il est difficile de dégager ce qui en fait l'unité. Toutes sortes de traditions chez nous divergent ou se combattent : par exemple, celle de Bossuet et celle de Voltaire, de Rousseau et de Bonald, d'Auguste, Comte et de Proudhon. Accorder cela, ce n'est vraiment pas facile. Ce que je veux seulement faire observer pour commencer, c'est que dans ce lot de traditions variées, il y en a un bon nombre qui s'accordent très exactement avec nos préoccupations d'aujourd'hui et qui tournent autour de la grande idée de la Société des Nations.

Il y a eu beaucoup d'inventeurs en France, pas seulement en matière technique, scientifique ou industrielle, mais aussi en matière sociale ; parmi ces inventeurs, -plus d'un s'est occupé à préparer les plans de cette grande institution qui devait s'appeler plus tard la Société des Nations. Je veux en citer quelques-uns. Il y a d'abord - à tout seigneur tout honneur - un vieux bonhomme naïf et ingénieux qui s'appelait l'abbé de Saint-Pierre. Ce vieux bonhomme a touché à presque tous les sujets. Il s'est occupé de toutes sortes de choses ; il a entre autres inventé un fauteuil pour permettre aux malades de se mouvoir. Ce même inventeur qui a voulu donner le mouvement aux malades a voulu donner aussi le repos aux sociétés.

En 1713, il a publié un traité, un « projet de paix perpétuelle » en deux volumes, démontrant « pour les hommes nés et à naître, et en particulier pour les souverains et maisons souveraines tous les avantages de la paix ».

Comment raisonne l'auteur ? Il fait d'abord observer que pour vivre en sûreté il faut une alliance universelle entre tous les

Célestin Bouglé

souverains ; pour être bien sûrs qu'on ne se disputera pas, on commencera par édicter le *statu quo*. Les choses resteront dans l'état où elles sont, on n'admettra pas de changement, elles seront stéréotypées. Et puis, s'il reste tout de même des motifs de dispute, ci l'on ne s'entend pas, on s'engage à soumettre les différends à un médiateur; et si cela ne suffit pas, on les soumettra à l'arbitrage.

D'ailleurs, s'il y a des gens parmi les contractants qui résistent et font mine de recourir à la guerre, alors contre eux la grande alliance armera et agira offensivement. Au surplus, cette grande alliance aura un budget et contribuera à ce budget proportionnellement, selon ses forces. L'abbé de Saint-Pierre se borne à ces cinq articles, mais plus d'une fois il trouve sur son chemin des idées que trouvera plus tard l'auteur des 14 points. Dans les messages wilsoniens, cette idée revient souvent : il faut une véritable alliance universelle. La politique de l'équilibre doit être abandonnée. Plus d'alliances et de contre-alliances.

L'Abbé de Saint-Pierre nous en avait avertis : dans ces alliances-là, dans -le système de l'équilibre, on ne peut trouver de sûreté, on ne peut avoir la liberté qu'au dépens de son repos.

Une autre idée sur laquelle il insistait, c'est celle de la publicité nécessaire. Les traités, du moment qu'ils sont secrets, sont dangereux. Si l'on craint le grand jour, c'est qu'on cherche à nuire...

Après avoir ainsi formulé, ses principes, le bon Abbé de Saint-Pierre s'écrie : « Le bois est sec, le leu est proche, le vent souffle la flamme sur le bois, pourquoi le bois ne s'allumerait-il pas ? »

Hélas, bien du temps devait passer avant qu'on vît le bois s'allumer.

Le bon Abbé de Saint-Pierre avait sans doute, comme le fit observer Rousseau, son commentateur, trop de confiance dans les rois ; et puis, en proposant le *statu quo* territorial, il prenait trop vite son parti des injustices consacrées.

Il fallait chercher autre chose, un système qui fût plus en harmonie avec l'esprit des temps nouveaux.

Il fallait un progrès dans le sens parlementaire ; c'est justement ce progrès que nous allons voir s'accomplir dans le projet de Saint-Simon, un inventeur encore, le plus grand peut-être de nos inventeurs en matières sociales. Le comte de Saint-Simon, entre beaucoup d'idées, a touché à l'idée de la Paix et de la Société des

Nations, à peu près cent ans après l'abbé Saint-Pierre, de même que l'abbé Saint-Pierre était venu cent ans après Sully.

Il publie en 1814, avec la collaboration de son secrétaire, qui est Augustin Thierry, un opuscule dont le titre mérite d'être médité : « De la réorganisation de la Société Européenne, ou de la nécessité et des moyens de rassembler les peuples de l'Europe en un seul corps politique, en conservant à chacun son indépendance nationale. »

Saint-Simon a donc eu le souci de conserver aux peuples leur indépendance nationale. Il affirme en même temps leur solidarité ; mais il nous laisse entendre que pour que cette solidarité ne soit pu un vain mot, il faut un certain degré d'homogénéité. Il faut que les Nations commencent à se ressembler par leurs institutions politiques, en se développant dans le sens libéral.

En somme, le fait nouveau sur lequel il attire l'attention, c'est l'extension du parlementarisme, La France et l'Angleterre ont un parlement ; ces deux nations, qu'il appelle l'avant-garde de l'Europe, peuvent collaborer pour étendre ce même système ; il est souhaitable qu'il se répande chez les autres nations. Quand il y aura partout des parlements, rien ne sera plus facile, pense Saint-Simon, que de faire un inter-parlement.

Pour qu'il y ait une Société des Nations, il faut que les Nations associées soient des nations libres ; il faut le consentement des populations gouvernées et qu'on soit sûr qu'il y aura de l'harmonie entre le gouvernement et les peuples.

Il n'est donc possible d'associer que les nations où règne un minimum de démocratie ; c'est par l'intermédiaire des organisations parlementaires qu'une organisation internationale a des chances de se réaliser.

Voilà l'idée sur laquelle Saint-Simon met le doigt dans son programme. Il espère arriver à ce qu'il appelle un « patriotisme européen » en faisant fonctionner cette nouvelle machine et en lui donnant à broyer autre chose que des mots.

Encore une nouveauté sur laquelle il insiste ; il faut que ce nouveau pouvoir et cette organisation prennent en mains des entreprises ; il faut qu'on fasse des canaux entre le Danube et le Rhin, entre le Rhin et la Baltique, il faut qu'on assainisse les villes, qu'on rende le globe habitable.

Saint-Simon était déjà hanté par l'industrialisme ; il veut que cette société commune et nouvelle qu'il rêve fasse vivre des entreprises et vive par des entreprises d'intérêt international.

Cette idée, encore, nous l'avons retrouvée de nos jours. La Société des Nations ne se contente pas de vouloir être une organisation juridique, mais elle met aussi la main à la pâte : elle cherche à combattre le typhus ; elle a organisé un bureau d'hygiène, une conférence financière, une conférence du transit ; elle s'efforce par-dessus les frontières de nouer des faisceaux d'intérêts.

Sage tactique ; il ne faut pas séparer les formes du droit de la matière, ou plutôt de la vie, du mouvement même de la vie. Où des intérêts communs sont engagés, l'intervention du droit sera sans doute plus impérieusement exigée.

Cet industrialisme qui apparaît dès le projet de Réorganisation de la Société Européenne, il va être la pierre sur laquelle les Saint-Simoniens bâtiront leur pacifisme [1].

Les Saint-Simoniens sont persuadés que le progrès de l'industrie chasse la guerre du monde. C'est par excellence la croyance saint-simonienne, croyance démentie, hélas ! par trop de faits...

Lorsqu'ils parlaient ainsi, les Saint-Simoniens ne connaissaient la révolution industrielle que par l'Angleterre, libérale en même temps que commerçante. Depuis, la révolution industrielle s'est transplantée en Europe, en France, en Allemagne, et on a pu voir dans l'empiré allemand d'après 70 une synthèse inattendue : la synthèse du militarisme et de l'industrialisme, la caserne au service de l'usine et l'usine au service de la caserne. Et cela les Saint-Simoniens ne l'avaient pas prévu.

Cependant bien des idées qui leur sont chères devaient être vérifiées après la guerre. En Somme, aujourd'hui, c'est l'heure des comptes, c'est le quart d'heure des comptes et on s'aperçoit tristement qu'une guerre, même victorieuse, dans l'état actuel paie difficilement.

Cela, on peut dire que les Saint-Simoniens l'avaient prévu en nous avertissant que là où la grande industrie a multiplié les liens entre

---

1   Voir la Doctrine de Saint-Simon, Exposition de 1829 (rééditée par Élie Halévy et Célestin Bouglé à la librairie Rivière).

les nations, les moyens militaires aggravent les difficultés plus qu'ils ne les dénouent. Voilà ce qu'ils avaient dit. Il est vraisemblable que l'avenir leur donnera raison. S'il est vrai que dans les conseils de la diplomatie, l'industrie et les finances doivent de plus en plus parler haut et avoir le premier pas.

Ainsi l'exemple du Saint-Simonisme confirme celui de l'Abbé de Saint-Pierre. Ces deux coups de sonde nous apportent la preuve qu'il y a parmi les traditions françaises plus d'une doctrine qui cadre avec nos préoccupations actuelles.

*

* *

Mais je ne voudrais pas borner là ma démonstration, j'ai besoin de renforts plus larges. Ce n'est pas seulement par telle ou telle de nos doctrines, c'est par notre manière de penser et de sentir que nous préparons l'œuvre de paix qui s'organise aujourd'hui : par notre tempérament, nos méthodes, notre esprit.

Choses singulièrement difficiles à définir ? Sans doute, mais plus faciles à sentir, et dont personne ne peut nier l'action.

Dans les débats qui ont précédé la constitution de la Société des Nations, on a vu au contact des esprits d'origines différentes ; il n'a pas été difficile de reconnaître les Français des étrangers.

On reconnaît le Français à son amour de la clarté, à son habileté à raisonner, à son goût pour les principes. Toutes ces qualités ne sont-elles pas des qualités traditionnelles de l'esprit français ?

M. Lanson, dans la revue qui a pris pour titre la Civilisation Française, publie une conférence qu'il a faite en Amérique sur les traits caractéristiques de l'esprit français. Suivant lui, chez nous, c'est l'intelligence qui prédomine.

Par où il entend que nous voulons mêler l'intelligence à tout, même aux affaires de la sensibilité et de la volonté; nous voulons expliquer, éclairer, raisonner en toutes choses, c'est par l'intelligence lucide que nous brillons, semble-t-il, plus encore que par la volonté tendue ou la volonté exaltée.

Ce goût pour la raison n'est-il pas chez nous le fruit naturel des formes d'esprit chères à nos ancêtres ?

On a dit que l'esprit cartésien et l'esprit classique avaient collaboré à la préparation de la Déclaration des Droits de l'homme ; le même élan ne conduit-il pas logiquement à la Déclaration des Droits des peuples ? Là aussi, nous voulons des principes universels ; nous visons aux lois valables pour tous : nous souhaitons enfin une organisation avouable à la raison.

On se rappelle le mot de Victor Hugo : « Les rois sur les peuples, la guerre sur les rois, la bêtise par-dessus tout. » La bêtise, en effet, l'absurdité foncière de la guerre, c'est ce qui frappe beaucoup d'esprits chez nous : c'est d'abord ce scandale de la raison qu'ils veulent faire disparaître.

Remarquons-le, c'est ordinairement dans le champs des instincts que les apologistes de la guerre ont pris leur point de départ. C'est en évoquant les instincts, en alléguant les exemples des espèces animales et les lois du monde vivant que certains pays se sont livrés à l'apologie de la guerre, c'est un darwinisme plus ou moine compris qui les a acheminés au « bellicisme ».

Pour nous, nous croyons à l'ordre humain, à la nécessité de distinguer l'ordre humain de l'ordre naturel et de l'ordre animal ; nous croyons à la toute-puissance de la raison. Et c'est ainsi que volontiers nous dépassons la zone du patriotisme tout instinctif et mêlons le rationalisme à l'amour de la Patrie.

Il est remarquable que les uns et les autres nous honorons le plus souvent dans la patrie le moyen de servir une cause qui la déborde.

Pendant longtemps nos ancêtres ont dit : « La France est le soldat de Dieu ». Puis Michelet a dit : « La France est le soldat de la Révolution. » Les uns et les autres voient dans la France l'instrument d'un idéal universel et croient que c'est par elle que cet idéal fera réalisé. N'est-ce pas la même tendance qu'on voit à l'œuvre aujourd'hui dans l'esprit de ceux qui tiennent pour étroitement apparentés la Société des Nations et le génie rationaliste de la France ?

Je voudrais ajouter un dernier trait : ce n'est pas seulement par les tendances normales et les traditions de notre intelligence que nous sommes inclinés de ce côté, c'est aussi par notre sensibilité même.

Je me rappelle une petite brochure, amusante aujourd'hui, j'ose le dire, qui a été publiée par le docteur Ost, capitaine de landsturm. et directeur d'une École allemande, sous ce titre : Notre *erreur sur la*

France. Le docteur Ost, entre autres découvertes, affirme gravement que si nous avons montré dans la guerre une obstination pour lui inattendue, cela tient à notre « profonde lâcheté morale ».

Le même a découvert que la cruauté est un trait caractéristique de notre race : sur quoi il ne manque pas de citer les guerres de religion, les persécutions intérieures, la Saint-Barthélémy, les excès de la Révolution, etc.

Il est hors de doute que les Français se sont copieusement entrebattus en l'honneur des idées. Et plus d'une fois le triste hommage du sang versé leur a été rendu.

Et cependant le docteur Ost se trompe une fois de plus. La *Schaden Freude,* la joie du mal, n'est pas de chez nous. 'La cruauté n'est plus dans nos mœurs.

Et, au contraire, la douceur des mœurs, qui est la sœur de l'amour de la vie est, je crois, dans la nature du Français. Cela ne s'explique-t-il pas par la nature même de la France ? Pays béni entre tous,, climat modéré ; productions variées ; communications aisées. Tout concourt ici pour rendre la vie plus facile et inciter l'homme à la savourer.

Tendance qui ne pouvait que se développer chez nous à mesure que la philanthropie y prend le dessus. Les Droits de l'Homme, auxquels aboutirent les campagnes du XVIIIe siècle contre toutes les formes de la barbarie, ne sont-ils pas présentés comme autant de moyens de bonheur ?

L'amélioration matérielle et morale du sort du plus grand nombre, c'est l'idéal dans lequel communient la foi socialiste et la foi laïque.

M. Lavisse définissant l'esprit laïque disait que celui-ci ne pouvait plus admettre la conception de la terre vallée de larmes, couloir d'épreuves. Le Français souhaite en effet que la vallée s'élargisse dans une plaine fertile où chacun aurait sa part d'ombre et de soleil, de labeur et de joies.

Ces préoccupations, ces vœux, ces espérances, le Français des temps modernes les porte jusque dans la guerre. Il trouve le moyen d'être, comme l'expliquait admirablement V. Considérant, à la fois militaire et « sociable ».

Je demande la permission de citer ce beau texte [1].

1 Reproduit dans les *Français à la recherche de la Société des Nations* (publication

Célestin Bouglé

« Si le Français est le peuple je plus militaire, de l'Europe, il est en même temps le plus sociable, et il n'y a pas de contradiction dans ces qualités ; loin de là. Ce n'est pas, en effet, un stupide amour pour la destruction et le carnage, ce ne sont point non plus des passions égoïstes ou ambitieuses qui font la puissance et la beauté du Français sur les champs de bataille ; non, sa valeur militaire vient directement de la richesse et de la noblesse de son caractère, de son amour pour le mouvement, pour la Gloire, pour les Grandes choses, de sa capacité pour l'Honneur et pour l'Enthousiasme, de son Esprit de Corps, de la disposition naturelle de l'individu à prendre le ton de la Masse, et la facilité chevaleresque avec laquelle il se plait à s'exposer au danger devant la Masse, enfin du plaisir tout-puissant et passionné qu'il éprouve à se dévouer pour elle. Toutes ces qualités sont sociales, éminemment sociales, et ce sont elles qui font du Français le peuple, non pas le plus brave (presque toutes les armées de l'Europe font également braves), non pas le plus froid dans le danger, non pas le plus sûr dans les revers ; mais le plus, actif, le plus intrépide, le plus gai, le plus audacieux, le plus passionné et par conséquent le plus brillant sur les champs de bataille ; le peuple enfin qui, toutes conditions égales, bat naturellement les autres et est assuré de les battre quand il est bien conduit.

« Non, aucune Nation ne peut être comparée à la Nation française pour la sociabilité, pour le cosmopolitisme, pour la générosité politique, pour la libéralité envers les autres peuples, pour la facilité à se lier avec eux, et pour ce besoin de Justice et d'Humanité qui la presse de s'élancer au secours du faible, de l'opprimé, de toute nation qui lutte pour sa nationalité, pour sa liberté... »

*

* *

Cette tradition est-elle morte ? Nos soldats n'ont-ils pas été à la hauteur de cet idéal ?

Ils ont prouvé sur les champs de bataille qu'ils étaient par excellence des guerriers humains qui voulaient la paix et qui appelaient de tous leurs vœux la Société des Nations.

---

de l'Union *pour la Vérité) et aussi* dans notre brochure : Qu'est-ce que *l'Esprit français ? Vingt définitions (Célestin* BOUGLÉ et P. GASTINEL) ; Garnier, éditeur. Cf., chez le même éditeur, le livre de J.-L. Puech, *Tradition socialiste et Société des nations.*

Ah ! certes ! dans les tranchées ou dans les ambulances, ils parlaient peu de ce qui était leur pensée. On laissait les discours pour l'arrière ; on agissait et c'était assez. Les idées pour lesquelles on tuait et on se faisait tuer, elles restaient silencieuses comme des divinités de pierre...

Et cependant, si le poilu n'aimait guère les discours, à de -certaines heures, un mot, une interjection, ou mieux un fragment de lettre, éclairaient le fond de son âme. Et alors on pouvait vérifier que les idées maîtresses du génie français continuaient d'y faire leur œuvre, et que ceux qui leur enseignaient ces idées n'avaient pas si mal besogné.

Il serait ingrat d'oublier, en cette matière, ce qui est dû à notre enseignement public.

Ses idées, ses méthodes, ses tendances ont été, à l'épreuve ; il est donc juste qu'elles soient aujourd'hui à l'honneur. Cela est d'autant plus nécessaire qu'on n'a pas toujours reconnu ce qu'il y avait de fécond en elles... Sans vouloir souffler sur des brasiers heureusement éteints, il nous sera bien permis de rappeler la défiance qu'inspirait à beaucoup chez nous, Comme hors de chez nous, l'université française et en particulier l'école laïque. Ce qu'on lui déniait le plus volontiers c'était précisément la capacité morale. Neutralité égale nullité, répétait-on, quand on n'ajoutait pas laïcité égale criminalité. L'étranger accueillait avec complaisance les échos de ces critiques. Je me rappelle avoir voyagé quelques temps avant la guerre en Espagne, puis en Belgique. Dans les journaux des deux pays, parfois même. sur des affiches, je pouvais lire que l'école laïque, que l'école à la française était l'école du crime. Osons penser que la victoire a définitivement ruiné ces affreuses légendes. Croyons-en le témoignage de ce général américain qui, en se rembarquant, nous faisait l'honneur de nous demander quelle pédagogie avait pu former un tel peuple de combattants. Parmi ceux qui se sont si bien battus, plus de 80/100 peut-être sortaient de l'école, publique. C'est donc qu'elle n'était pas aussi démoralisante qu'on voulait bien le dire. Il n'est pas vrai qu'elle ait atrophié la fierté native de la race, attestée à travers les siècles sur tant de champs de bataille. Bien plutôt à ces instincts séculaires a-t-elle ajouté pour le citoyen d'aujourd'hui ides raisons nouvelles d'aimer la France, incarnation de l'idéal démocratique.

Célestin Bouglé

On nous disait : « Prenez garde, lorsque vous enseignez le patriotisme vous semblez toujours placer autour de la figure de la Patrie, comme pour la soutenir au besoin, celles de la justice, de la liberté et de la paix. C'est enseigner peut-être un patriotisme tendancieux et conditionnel ; nous préférerions le patriotisme du charbonnier. » L'expérience a répondu. Elle a prouvé qu'on n'avait pas eu tort d'installer dans le cœur de nos enfants le culte de la justice et l'amour de la liberté et le désir de la paix humaine. Ces idées se sont trouvées être des auxiliaires incomparables puisque notre cause, la cause de la France brutalement et traîtreusement attaquée, se confondait avec celle de la justice et de la liberté et de la paix. C'est pour cela que d'un seul élan, sans distinction de parti, de confession, de classe, tout notre peuple s'est mobilisé. Dans le plateau de la balance, pour le faire, pencher en notre faveur, un poids est tombé plus lourd que l'épée du Brenn : le poids de l'espérance populaire. En même temps que le sol de la France on défendait son idéal, on défendait pour tous les peuples la possibilité de s'organiser librement. Un de nos collègues, M. Joseph Bédier, a recueilli ce témoignage d'un colonel du 18e d'infanterie : « Nous n'avons pas besoin, disait celui-ci, de distinguer entre les troupes d'assaut et les autres : tous nos soldats marchent à l'assaut d'un même cœur ; ils sont ceux qui tuent et qui meurent pour que meure la guerre ; ils vont au combat l'âme toute pure. »

Qu'il nous soit permis de croire que l'enseignement de nos écoles a été pour quelque chose dans cette purification des âmes qui les préparait si bien à la guerre pour le droit.

Bien loin d'avoir été une faiblesse, l'idéalisme démocratique a été une force. On y dénonçait un narcotique ; on y a trouvé un cordial.

Cet enseignement riche en vertus de résistance, les maîtres de nos écoles ne se sont pas contentés de le prêcher : ils y ont ajouté la puissance de l'exemple. Sentant sur eux les yeux de tous, les yeux de leurs adversaires d'hier comme ceux de leurs amis de toujours, ils se sont souvenu qu'un maître doit être le premier des modèles, et l'on sait par mille exemples quel prestige ces chefs improvisés ont conquis, auprès de leurs supérieurs comme au près de leurs inférieurs, pour l'écule qu'ils représentaient. Un général n'a-t-il pas pu dire : « Les instituteurs constituent une des forces principales, sinon la force principale de mon armée ? »

Ceux dont tant de citations ont attesté la haute tenue morale, ceux qui ont fourni tant de chefs et d'entraîneurs à la nation armée pour sa défense, avaient-ils donc abdiqué dans les tranchées l'idéal de leurs écoles ? Non pas, ils lui sacrifiaient dans leur cœur : ils se sacrifiaient à lui. Des centaines de lettres en font foi. Envoyées à leurs élèves ou à leurs maîtres, elles attestent leur désir de libérer l'humanité en môme temps que la France. C'est un instituteur tué depuis à l'ennemi, Boullé, qui écrivait à ses élèves (j'ai copié ce témoignage à une exposition organisée par la Ligue de l'Enseignement) : « Le sacrifice de la vie sera nécessaire si nous voulons arriver à signer une paix glorieuse, si nous voulons vous éviter à vous autres, mes amis, de nouveaux sacrifices et encore l'horrible spectacle de la guerre. Nous devons persister à nous battre pour que vous viviez votre vie dans la paix ».

Si vous voulez voir à quel travail d'approfondissement peut conduire, dans le cerveau d'un maître d'école primaire supérieure, pareille préoccupation, il faut relire le testament d'Albert Thierry, cette brochure sur le *Droit* des *Peuples* et les *conditions* de la paix future que l' « Union pour la Vérité » a sauvée de l'oubli. Que faire dans la tranchée sinon penser à la paix ? disait avec un triste sourire Albert Thierry. Il applique donc toutes ces forces intellectuelles au grand problème. Il la retourne sous toutes ses faces. Opposant la volonté *de* justice à la volonté de puissance il fait vivre en pensée les organes, non seulement juridiques, mais intellectuels et militaires de la Société des Nations. Et du fond de l'abîme, en bon Français, il s'élance aux sommets lumineux de la paix par la justice. Saint Augustin a dit : « Sis bellando pacificus » - « Trouve le moyen d'être pacifique en faisant la guerre. » Nos maîtres de l'école laïque ont trouvé ce moyen-là.

Sur ce terrain, d'ailleurs, les professeurs de lycées, de collèges, de facultés étaient prêts à suivre les instituteurs. Demandons-en la preuve à tant de lettres d'étudiants qui devaient être les maîtres de demain, et dont le souvenir mérite de rester notre lumière.

Roger Cahen dans les Lettres qu'il envoyait de l'Argonne -écrit : « J'y aurai compris (dans la tranchée) que l'humanité, l'amour de tous les hommes est la seule vertu indispensable et j'ai constaté alors, avec une satisfaction immense, que la tradition purement humaine à laquelle je m'étais rangé auparavant se raccordait

Célestin Bouglé

facilement à une expérience : je ne m'étais pas trompé sur la route à prendre. » Autre témoignage, autres cris de l'âme d'un normalien : Marcel Etévé. Écoutez seulement cet adieu à sa mère où perce la préoccupation de l'avenir et l'espoir que la guerre sera évitée : « Tu seras courageuse, cette guerre va être terrible et elle nous prendra tous, mais eux qui viendront après nous seront plus heureux... »

Je pourrais multiplier les citations. À quoi bon ? Le fait est patent. Et il est peut-être ce qu'il y a de plus beau dans la terrible épreuve.

La plupart de ces guerriers indomptables qui ont supporté ce que jamais peut-être hommes n'ont supporté sous le ciel, si on avait pu ouvrir leur cœur, on y aurait trouvé l'horreur de la guerre.

En vérité, quand je pense à tant d'élans généreux, quand j'entends la voix de nos ancêtres se mêler ainsi à celle de nos fils, quand je vois venir, du fond des siècles de notre histoire, cette vague d'espérance humaine qui déferle sur nous, je pense que les bellicistes sont comme des enfants qui voudraient, avec leur trompette, parler plus haut que l'océan lui-même...

Mais faisons-y attention, il y a des moments où une trompette d'enfant peut parler plus haut et plus fort que l'océan lui-même, c'est quand la mer est dormante, c'est quand le peuple s'abandonne, c'est quand il est las et comme sceptique, qu'il ne fait pas entendre et dominer sa voix.

Voilà pourquoi il est si nécessaire de rallier l'opinion à la Société des Nations. Le devoir urgent maintenant, c'est de créer un courant vers elle, c'est d'arrêter, de briser les courants contraires. Sans un mouvement d'opinion autour de l'idée qui nous est chère, malgré qu'elle ait pour elle le meilleur de nos traditions, elle risquera de sombrer, elle sera engloutie pour n'avoir pas été entendue.

L'Abbé de Saint-Pierre nous disait : « Le bois est sec, le feu est proche, le vent souffle la flamme sur le bois, pourquoi le bois ne s'allumerait-il pas ? » Pourquoi, bon abbé ? parce que le vent ne souffle pas assez fort, la flamme et le bois sont trop loin l'un de l'autre. Soufflons donc sur la flamme, qu'elle approche du bois enfin, et alors nous verrons s'allumer, non plus un de ces bûchers sur lesquels on sacrifie tant de victimes humaines, mais un de ces feux de direction comme nos ancêtres en plaçaient sur les promontoires, pour permettre aux navires d'éviter les écueils, et leur épargner la catastrophe suprême.

Célestin Bouglé

La coopération intellectuelle internationale [1]

Il y a bien des façons de concevoir la vie de la Société des Nations. On peut, par exemple, s'efforcer de la réduire aux attributions les plus simples qui seraient nécessaires pour empêcher la guerre : aux attributions juridiques; un tribunal, c'est tout ce qu'on lui demande. Une Cour permanente internationale devant qui seraient portés les différends qui risquent de lancer les nations les unes contre les autres, c'en serait assez pour faire régner l'ordre nouveau que les peuples réclament.

Conception trop étroite, pensent beaucoup d'autres « pacifistes » qui peuvent s'appuyer à une tradition déjà ancienne. Il ne faut pas craindre d'ajouter, aux institutions proprement juridiques, des institutions de toutes sortes qui rendent sensible la solidarité entre les nations en multipliant pour elles les occasions d'action commune. Le vieil adage *Nulla societas sine jure* veut être renversé. Sans doute il n'y a pas de société sans droit. Inversement il n'y a pas de droit sans société. Le désir d'une solution juridique des conflits ne naît qu'entre parties qui déjà se sentent unies et ont des raisons de le rester. L'arbre du droit lui-même ne porte ses fruits que sur un sol tourné et retourné par un esprit de solidarité active. C'est pourquoi souhaitons que de plus en plus les nations travaillent ensemble et de toutes façons. Pour devenir plus sûrement justiciables d'un même droit, qu'elles se rencontrent, sur toutes sortes de terrains, en collaboratrices.

Saint-Simon n'avait pas tort, qui pour faire sortir l'Europe de l' « état violent » où elle était plongée, déclarait qu'il y faudrait non seulement une extension du parlementarisme, une homogénéité croissante des institutions politiques, mais des travaux d'intérêt général entrepris en commun : c'est le meilleur moyen de rendre le globe matériellement habitable; c'est aussi celui d'y faciliter, par des liens multipliés, l'installation de la paix.

Qui suit cette pente se réjouira, bien loin de s'en effrayer, de toutes les tâches, de toutes les fonctions que l'on confie à l'organisme de la Société des Nations. C'est ainsi, pense-t-on, que celui-ci deviendra grand, et d'une puissance progressivement irrésistible.

1 Résumé d'une communication faite à Vienne au Congrès de l'Union des Associations internationales pour la Société des Nations.

Mesures d'hygiène pour enrayer les épidémies, lutte contre la traite des blanches ou le trafic des stupéfiants - sans parler des enquêtes et des « recommandations » qui tendent à généraliser et à coordonner des lois protectrices du travail industriel - on sait de combien de façons diverses, déjà, se manifeste l'activité des Commissions ou des Bureaux concentrés à Genève. Le travail intellectuel ne devait-il pas, un jour ou l'autre, être entraîné dans le même orbite ?

Dans l'Europe appauvrie, mais plus encore déséquilibrée et comme désaxée par la guerre, ce n'est pas seulement la reconstruction matérielle qui importe. L'intelligence aussi, au sortir de la catastrophe, apparaît comme une grande blessée, une grande mutilée. Elle a plus de peine qu'avant à tenir sa place, à remplir son office. Et ceci est peut-être particulièrement dangereux pour la vie des institutions que la Société des Nations essaie de mettre sur pied. Il faut à ces organismes nouveaux une atmosphère morale sans laquelle ils s'anémieraient vite. Or si les penseurs, les lettrés, les savants sont mal outillés pour coopérer de nation à nation, si a l'intérieur même de chaque nation les moyens d'action dont ils disposent se raréfient et leur rayon d'action se rétrécit, l'œuvre d'apaisement rêvée n'en serait-elle pas retardée dangereusement ? Il est dangereux de laisser le monde au seul gouvernement des intérêts matériels. Non moins dangereux de l'abandonner aux impulsions passionnelles. Contre des calculs cyniques ou contre des instincts aveugles il importe que soient prêtes à faire front, si besoin est, les puissances de réflexion informée dont dispose l'humanité moderne. La lumière est bonne, la lumière est saine. Pour faire reculer les fauves qui continuent de rôder autour de nous, élevons ensemble la lampe du travail, élargissons-en le cercle lumineux. Telle est la conviction dont la masse des pacifistes est animée ; tel est le postulat, si l'on veut le premier article de la foi qui leur est commune. Et c'est pourquoi ils applaudissent aux efforts, ils sont prêts à collaborer au travail de la Commission de Coopération intellectuelle instituée par la Société des Nations.

*

* *

Le premier point sur lequel l'attention s'est portée, c'est la situation

Célestin Bouglé

matérielle qui est faite, depuis la guerre, à ceux qu'on appelle les intellectuels, à ceux qui vivent moins du travail de leurs mains que du travail de leurs cerveaux, à ceux qui se trouvent être par profession les serviteurs de l'esprit.

L'honneur d'avoir poussé le premier cri d'alarme revient ici, semble-t-il bien, à la C. T. I., à la Confédération des Travailleurs Intellectuels qui s'est fondée chez nous pour sauvegarder les intérêts d'une catégorie de travailleurs qui lui paraissent spécialement menacés depuis la guerre. Professeurs ou ingénieurs, savants ou artistes, on sait assez que les intellectuels n'ont pas pris rang parmi ceux qu'on appelle sinistrement les profiteurs de la guerre : ils n'ont pas pris leur part du lourd tribut que l'industrie ou le commerce ont pu prélever sur les nations pantelantes. D'autre part, ils ne sont pas des salariés à proprement parler. Il leur a été impossible, dans bien des cas, d'obtenir par une action concertée les augmentations qu'ont su imposer les ouvriers d'usine, au fur et à mesure, que renchérissait la vie. Tant et si bien que cette sorte de classe moyenne, intermédiaire entre capitalistes et salariés, risquerait de se trouver écrasée et lentement broyée, comme entre deux meules.

Les Fouriéristes disaient que dans les revenus de toute entreprise il faut faire la part du capital, du travail et du talent : il semble bien que depuis la guerre, le talent se trouve de plus en plus réduit à la portion congrue.

Sans doute convient-il, en cette matière même, de ne rien exagérer et de ne pas égarer, sous prétexte de la frapper, l'opinion. On répète quelquefois : « Un professeur aujourd'hui est moins bien payé qu'un balayeur. » Cela ne correspond sûrement pas à la moyenne des cas. Dans la moyenne des cas, les intellectuels gardent, tout compte fait, des privilèges indéniables. Ce qui reste vrai, c'est que, par les secousses de la guerre, ils ont été comme décalés. Ils ont descendu d'un ou de plusieurs degrés dans l'échelle économique. Ils ne retrouveront plus aussi facilement le loisir, la liberté d'esprit nécessaires à l'exercice de leurs fonctions sociales. Et d'ores et déjà on voit se tarir, au profit des carrières industrielles, le recrutement d'un certain nombre de carrières intellectuelles, indispensables pourtant à la vie de l'ensemble.

Le danger est réel, C'est pourquoi les intellectuels font bien de se fédérer, à l'intérieur des frontières et par-dessus les frontières, pour le signaler à l'attention des gouvernements et de l'opinion. Ils font bien de préparer les campagnes nécessaires pour que les traitements soient relevés s'il s'agit de fonctionnaires, ou pour que soit assurée, au savant aussi, une participation au rendement industriel de ses inventions.

Pour que ces campagnes portent leurs fruits, encore importe-t-il que la situation de fait soit précisée, à l'aide d'une méthode objective, par quelque autorité indiscutable. C'est ici un premier rôle grandement utile que peuvent jouer les organismes créés par la Société des Nations. En fait, la Commission de Coopération intellectuelle et le Bureau international du Travail ont commencé des enquêtes. Ils ont lancé des questionnaires dont on peut attendre nombre de renseignements précieux.

Quiconque croit à la nécessité de sauver l'intelligence, pour préparer une paix digne de ce nom, doit seconder d'abord la confection de cet immense procès-verbal, nécessaire aujourd'hui pour que se puisse entreprendre, de façon méthodique, le relèvement du niveau de vie des intellectuels.

*

* *

Tâche urgente sans doute, mais enfin ce n'est qu'une préface. Les intellectuels ne sont que les gardiens du phare. Ce qui importe au monde c'est que la lumière du phare rayonne aussi loin que possible. C'est donc la lampe elle-même qu'il convient d'alimenter. C'est la vie de l'esprit lui-même qu'il s'agit d'organiser internationalement.

Qu'est-ce à dire ? Rétablir et multiplier les contacts d'esprits, faciliter les échanges d'idées, améliorer l'outillage aux formes variées qui sert à la communication des découvertes ou à la confrontation des théories, voilà une seconde tâche, elle aussi vitale.

En adoptant ce programme, les, pacifistes laissent voir ce que nous appellerons leur deuxième article de foi : leur deuxième postulat commun : à savoir qu'en matière intellectuelle surtout les contacts sont fécondants. Ou encore : en matière intellectuelle surtout la circulation est une condition de la production. Voulez-vous que le mouvement des découvertes s'accélère, que l'autorité des idées grandisse, que le règne de l'esprit arrive ? Abaissez les

Célestin Bouglé

barrières, débordez les compartiments. Au-dessus des civilisations diverses tend à se former une civilisation humaine, où aucune d'elles ne peut plus se passer de puiser. Que de telles affirmations de principes doivent réveiller des préventions, il serait vain de se le dissimuler. Il y a une philosophie nationaliste, vigoureuse en beaucoup de pays, qui rejoignant le pragmatisme prend à peu près le contre-pied de celle dont nous venons de résumer les tendances. A cet « idéalisme » on ne manquera par, d'opposer la leçon des faits qui démontrent la fécondité des « vérités » nationales.

S'agit-il en particulier d'une des plus hautes formes de la vie de l'esprit, celle où l'imagination créatrice des arts se donne carrière, on fera triomphalement observer qu'il lui faut un terroir, un milieu de traditions collectives locales où la sensibilité s'alimente. C'est alors, quand il communie dans l'inconscient avec ceux de sa race, que l'artiste, vraiment traducteur, trouve les mots et les images qui font tressaillir la nation parce qu'elle s'y reconnaît. Veut-on la preuve du lien qui attache ces créations de l'esprit à une réalité particulière, à la fois naturelle et historique ? Qu'on médite seulement ce fait bien connu : la poésie, dans ce qu'elle a de vraiment poétique, reste littéralement intraduisible.

Loin de nous la pensée de nier ces affinités mystérieuses. Nous n'ignorons pas que toute grande œuvre d'art porte une marque locale. Nous savons ce que représente pour un Anglais un Shakespeare, pour un Italien un Dante, pour la France un Racine ou un Molière. Il serait excessif toutefois de prétendre que leurs seuls compatriotes peuvent comprendre de tels génies. Sous des formes diverses ils tendent à l'universel, et parlent pour le monde. Les branches de l'arbre débordent ses racines. Le chef-d'œuvre cherche et trouve des audiences que chaque siècle élargit.

Ajoutons que, même au moment où il s'élabore dans le mystère de l'âme, il n'est pas inutile que celle-ci s'ouvre à plus d'une influence. L'expérience prouve que pour les idées poétiques elles-mêmes, les croisements sont fructueux. Est-il nécessaire de rappeler qu'un des plus sûrs principes de renouvellement pour les littératures c'est précisément le mélange des cultures ? Qu'un pan de muraille tombe entre les peuples, que des courants d'échanges intellectuels s'établissent, c'est alors que des genres nouveaux surgissent, et que de nouvelles manières de sentir s'imposent. L'histoire de notre

La coopération intellectuelle internationale

littérature française en serait la meilleure preuve, qu'on dit avec raison si riche et si variée. A chaque fois que notre génie littéraire prend un nouvel essor, n'est-ce pas qu'il a pris contact avec une terre étrangère ? Qu'on songe seulement à ce que nos poètes de la Renaissance ont pu retenir de l'Italie, nos tragiques du XVIIe siècle de l'Espagne, nos philosophes du XVIIIe siècle de l'Angleterre, nos romantiques de l'Allemagne. Narcisse, parce qu'il n'admirait que lui-même au miroir du fleuve, s'engourdit, se mua en plante immobile. Le narcissisme pourrait être funeste aux nations elles aussi. Qui dit isolement dit étiolement. L'art lui-même demande que nous ouvrions nos fenêtres toutes grandes sur le monde et laissions venir à nous les vents des quatre coins de l'horizon.

*

* *

Que dire alors de la science ? Par définition, l'idée scientifique, pourrait-on dire, répudie son berceau. Elle refuse de rester attachée au sol où elle est née. Elle demande des ailes, pour faire au plus tôt le tour du monde. L'universel est son élément. Non pas que les génies nationaux ne puissent mettre leur empreinte jusque sur les produits de la science. Il y a des manières de penser spécialement anglaises ou spécialement françaises dont l'influence se fait sentir, à certaines phases, jusque sur le développement de la chimie, de la biologie ou des mathématiques. Mais enfin lorsque ces tâtonnements des génies nationaux aboutissent, le résultat est par essence communicable, démontrable à tous, vérifiable par tous. Et s'il ne l'était pas, la preuve serait simplement faite qu'il n'est pas encore une vérité scientifique. À ce point de vue c'est comme un blasphème contre la science que de persister à vouloir parler de vérité française, ou anglaise, ou allemande. Une vérité scientifique est internationale par essence. C'est ce que Pasteur nous. rappelle dans la fameuse formule double, tant de fois commentée : « La science n'a pas de patrie, le savant en a une, » Le savant a le droit et le devoir d'utiliser comme il peut, dans ses recherches, les aptitudes traditionnelles de son pays; il a le droit et le devoir de songer, pour stimuler son effort, aux intérêts de ce pays ou à sa gloire. Mais l'idée ne saurait lui venir que sa découverte, valable pour son pays, peut être sans valeur pour quelque autre. Pasteur répéterait volontiers avec Descartes : « J'écris même pour les Turcs ». La patrie de la science c'est la cité des esprits libres qui n'invoquent pour se convaincre les uns les autres d'autres titres que ceux de la raison et de l'expérience.

Internationale donc par sa tendance, par les fins qu'elle poursuit, par l'esprit qui l'anime, la science l'est encore et de plus en plus par les moyens qu'elle emploie. De plus en plus elle est oeuvre collective en même temps que progressive, et dont le progrès ne s'explique que par la collaboration d'équipes disséminées dans tous les pays du monde.

Et sans doute ici non plus, rien ne remplace l'éclair du génie, qui fulgure parfois sur des hauteurs solitaires. Toutefois le génie même, aujourd'hui, a besoin d'un immense approvisionnement d'informations précises. Être au courant, c'est le tourment du chercheur moderne. Il faut qu'il sache quelles expériences ont été tentées, quelles démonstrations fournies, quelles théories formulées qui pourront ou contredire ou confirmer ses idées propres. Et il, arrive que chimiste, physicien ou physiologiste attendent avec fièvre le résultat d'une expérimentation Commencée dans un laboratoire étranger à l'autre bout du globe. Nos savants ont des émules, qui sont en même temps par force des collaborateurs, des co-équipiers, au Japon comme en Amérique, en Allemagne comme en Angleterre. « En avant par-dessus les frontières », c'est par la force des choses le mot d'ordre de toute recherche scientifique au temps où nous vivons.

*

* *

On devine dès lors quels services pourrait rendre en pareille matière un effort méthodique d'organisation internationale. Fait-on tout ce qu'on peut pour que les chercheurs soient, en effet, aisément et rapidement mis au courant de, l'état respectif de leurs recherches ? Madame Curie devant la Commission de Coopération intellectuelle déplorait les heures qu'elle devait employer en personne aux recherches bibliographiques de chimie physique. Qui dira les économies de temps, profitables à la découverte elle-même, que permettrait l'établissement de bonnes bibliographies méthodiques et critiques, pour tous les ordres de sciences ? Et qui ne voit que sur ce terrain un Centre de coordination internationale peut-être précieux, non seulement pour unifier les modes d'information, mais encore stimuler, orienter, seconder les nations qui ne remplissent pas, dans les conditions voulues, leur devoir scientifique ?

Par hypothèse, nous voici qui savons quels livres, quels articles ont paru touchant le sujet de notre recherche. C'est déjà beaucoup. Mais lorsqu'il s'agit de se procurer les livres, les articles eux-mêmes, que de difficultés parfois ! Et combien il serait précieux de pouvoir recourir, le cas échéant, à quelque Bibliothèque mondiale, où le dépôt de tout ce qui paraît dans tous les pays serait de rigueur comme il l'est en France pour la Bibliothèque Nationale ! Encore des pierres de fondation à placer, pour la Commission de Coopération intellectuelle.

Mais il va de soi que concentrations ou échanges de papiers ne sauraient rendre inutiles ici les contacts entre personnes. Rien ne vaut, pour nous mettre au courant de l'état d'une question, et nous en faire envisager tous les aspects, la fréquentation d'un spécialiste étranger. C'est ce que rendent possible, directement ou indirectement, les échanges de professeurs, les semaines d'enseignement international, les équivalences de diplômes, qui permettent aux étudiants de connaître des méthodes d'enseignement et de recherches différentes de celles qu'ils ont vu pratiquer dans leur pays d'origine. Pour que l'exception devienne ici la règle, toutes sortes de problèmes techniques seraient à résoudre, pour lesquels, un Congrès international des Universités ne Ferait pas de trop.

Humbles besognes de préparation : ceux qui s'y consacreront seront pourtant, eux aussi, des *pontifices :* ils bâtiront des ponts où finira bien par passer la paix, traînée par la science.

*

* *

La paix traînée par la science ? Voici bien, dira-t-on, un postulat encore, un article de foi, et le plus discutable de tous.

Vous nous exhortez, au nom de la paix des peuples, à faciliter, par une meilleure organisation des échanges intellectuels, les découvertes des savants. Comme à le progrès des connaissances devait fatalement amener l'adoucissement des mœurs

Célestin Bouglé

internationales. Peu d'espérances ont été plus cruellement démenties par les faits. Songez seulement aux « progrès » que la science, par l'intermédiaire de l'industrie, a fait faire à la guerre : armée par la chimie comme par la physique, par la connaissance des asphyxiants comme par celle des explosifs, jamais celle-ci a-t-elle pris figure plus hideuse? Devant ces beaux résultats, l'humanité atterrée se demande où la mènent ceux qu'elle tenait pour ses meilleurs guides : elle perd sa foi dans la science elle-même.

Il est hors de doute que la science, en effet, met au service de toutes les fins, quelles qu'elles soient, les moyens de plus en plus perfectionnés dont elle dispose : intendante indifférente, elle décuple la puissance du mal comme celle du bien. Et c'est sans doute la preuve que la connaissance aussi précise que l'on voudra des lois de la nature ne suffit pas à orienter l'action : il y faut des jugements de valeur qui font aux sentiments collectifs leur part, et qui ne découlent pas immédiatement des jugements, de réalité que la science nous procure.

,On aurait tort pourtant de dédaigner les secours que celle-ci peut apporter à la morale internationale. Les transformations qu'elle fait subir non seulement au monde extérieur, mais au monde intérieur, aux esprits eux-mêmes tendent, malgré tout, à rendre plus rares les conflits violents. Il reste vrai qu'elle est une école de solidarité en même temps que de liberté.

En diminuant les distances physiques, la science tend à diminuer les distances morales. En multipliant les possibilités de communication, ce n'est pas seulement le commerce qu'elle facilite, mais la compréhension mutuelle. En aidant l'industrie, à organiser l'exploitation du globe elle forge des chaînes, elle crée des connexions d'intérêts dont les peuples, à la longue, ne pourront pas ne pas se rendre compte, au fur et à mesure que s'accroîtra leur puissance d'information et de réflexion.

C'est sur l'accroissement de cette puissance qu'il nous faut surtout compter. Or, l'expansion de la science est le plus sûr garant de cet accroissement même. Le temps n'est plus où l'on pouvait rêver que les secrets de la magie moderne demeureraient le privilège d'une aristocratie qui en disposerait à sa guise, pour mâter le monde. La culture scientifique s'étend en largeur comme en profondeur. Le nombre augmente chaque jour de ceux que l'on s'efforce d'initier aux méthodes qui ont rendu possible les découverte des sciences. Qu'est-ce à dire ? sinon que l'esprit critique a des chances de se développer de plus en plus dans le cerveau des masses elles-mêmes, l'esprit critique, qui est l'auxiliaire désigné, l'éclaireur et le garde du corps du sentiment démocratique ? Par leurs efforts convergents ont été chassés, comme aimait le dire Chateaubriand, « les gouvernements d'adoration et de mystère ». La même, conjonction, inhibant les exaltations passionnelles que les rois ou les empereurs ont su trop souvent utiliser, ne réussirait-elle pas à faire vivre l'ensemble d'institutions rationnelles destinées à prévenir les luttes armées, dont une expérience irréfutable vient de démontrer qu'elles sont ruineuses autant qu'inhumaines ?

*

* *

Pour obtenir ce résultat, faut-il compter seulement sur la culture scientifique ? En fait, ce n'est pas seulement par la communication des vérités, rationnelles ou expérimentales, que s'élève le peuple. Toute culture tend à lui faire apprécier un certain nombre de valeurs. L'éducation n'est pas seulement instruction, mais initiation. Représentant à sa manière la collectivité, l'éducateur oriente vers certaines fins le sentiment des générations nouvelles ; ajoutant à l'enseignement des sciences celui des lettres, de la morale, de l'histoire, il tend à faire aimer un idéal au futur citoyen.

D'accord. Et nous n'ignorons pas combien il est difficile qu'un enseignement demeure objectif en toutes ses branches. Dans l'enseignement de l'histoire en particulier - quelque effort que l'histoire ait pu faire de nos jours pour revêtir un caractère scientifique - il est exact qu'on arrive malaisément à « laisser parler les faits ». Qu'on le veuille ou non, on opère entre eux une sélection, elle-même guidée par des jugements de valeur d'où l'on déduit quels événements sont capitaux et quels insignifiants, quels sont heureux et quels regrettables. Il est bien rare que l'enseignement historique, s'apparentant ainsi à l'enseignement littéraire et à l'enseignement moral, ne demeure pas un enseignement tendancieux, cherchant à agir sur les sentiments eux-mêmes.

Admettons qu'il soit quasi impossible, jusqu'à nouvel ordre, de

Célestin Bouglé

résister à cette pente. De cette constatation même, les pacifistes tireront un avertissement. Une nouvelle tâche s'impose à eux qui mérite, elle aussi, un effort de coopération intellectuelle internationale. Il s'agira de surveiller les tendances bellicistes qui subsistent dans l'enseignement. Il s'agira de lutter contre telles manières de présenter et d'apprécier les faits qui, en surexcitant les passions nationalistes, rendraient par avance inefficaces les efforts de la Société des Nations. Quiconque croit nécessaire et possible, à l'heure qu'il est, l'institution de la paix, doit aussi travailler à installer, dans l'esprit des nouvelles générations, cette volonté de coopération entre les peuples sans laquelle toute loi demeurerait lettre morte.

La question a été posée devant la Commission de Coopération intellectuelle de la Société des Nations. On lui a suggéré de porter, sur ce terrain, son effort d'enquête et de réforme.. La Commission a paru trouver le terrain trop brûlant. Elle s'est récusée jusqu'à nouvel ordre, craignant sans doute de réveiller, par quelque geste indiscret, les susceptibilités nationales. Mais ce qu'une Commission officielle ne peut entreprendre à l'heure actuelle, de libres organisations ne peuvent-elles le tenter ? L'Union Internationale des Associations pour la Société des Nations, en son Congrès de Vienne, a décidé de signaler à l'attention publique de tous les pays les manuels qui semblent faits pour cultiver systématiquement la haine entre les peuple s; elle entend rappeler qu'on peut concilier, qu'il faut concilier dans l'éducation morale d'à présent, le sentiment patriotique et l'esprit international. Difficile entreprise, mais entreprise urgente, et qui mérite que, dès aujourd'hui, on la seconde.

Il ne s'agit pas, sans doute, sous prétexte de préparer la paix dans les esprits, de nier un certain nombre de réalités qui crèvent les yeux. La lutte est aussi bien que l'accord une tendance de la nature qui se continue dans l'histoire. Il arrive même que des groupements humains ne se forment que pour lutter, dirait-on, les uns contre les autres. Les « moi » collectifs commencent par se poser en s'opposant. Et leur concurrence, stimulant et coordonnant à l'intérieur de chacun d'eux les activités individuelles, a révélé sa fécondité.

Mais cette concurrence doit-elle donc, jusqu'à la fin des siècles, prendre la forme de la guerre ? Empêche-t-elle, au surplus, que

La coopération intellectuelle internationale

les groupements nationaux se trouvent liés les uns aux autres par une solidarité supérieure d'intérêts communs, dont le poids augmente avec le progrès de la civilisation ? Les différences elles-mêmes que leur séparation en nations impriment aux âmes des hommes y effacent-elles les traits généreux de la nature humaine ? La civilisation encore, quand elle dépasse un certain stade, ne renforce-t-elle pas ces traits ? Ne constitue-t-elle point, par le patrimoine universel qu'elle enrichit, de nouvelles possibilités d'entente ?

Toutes ces tendances, qui sont des faite aussi, un enseignement nationaliste les oublie comme exprès. Il cherche à plaisir ce qui divise, et cache ce qui unit. Il est temps de récrire, dans l'enseignement de l'histoire, le chapitre des ressemblances, des convergences, des coopérations.

Pour espérer ce redressement faut-il espérer qu'on pourra, dès maintenant, proposer aux peuples de bonne volonté, quelque manuel d'histoire universelle imprégné de l'esprit international ? L'œuvre serait plus difficile à mettre sur pied que quelques-uns paraissent le croire. Et ici comme ailleurs il serait utile que l'œuvre de propagande fût méthodiquement préparée par l'œuvre de recherche. C'est par l'enseignement supérieur, à ce qu'il nous semble, que le signal devrait être donné. Mettre en lumière les parties communes des civilisations, dégager ce par quoi leurs travaux s'assimilent et s'associent, montrer la mer où courent ces fleuves, comme les sources dont ils descendent, ce serait une belle entreprise scientifique, dont les amis de la paix ont le droit d'escompter le rendement moral.

Quels services d'ailleurs ne rendrait pas, dès maintenant, à ce point de vue, l'introduction de l'esprit sociologique dans l'enseignement historique ? Il y a longtemps que les instituteurs chez nous ont réclamé que l'on réservât dans les manuels moins de place à « l'histoire-bataille », et plus de place à « l'histoire-institution ». Mais quiconque veut développer et éclairer l'histoire des institutions rencontre la sociologie. L'étude comparative des institutions humaines, dans leur rapport avec la vie des groupes, c'est encore la meilleure définition qu'on en puisse offrir. Étude comparative, disons-nous. Ce qui ne signifie pas qu'elle nie les différences de structure des groupes et affirme d'emblée qu'il n'y a qu'une société humaine. Bien loin de là. Le progrès de la sociologie dans les temps modernes a consisté en un effort de spécification ; des spéculations sur l'humanité en général on a voulu passer à l'observation des divers types de sociétés. Mais ce souci de spécifier n'empêche pas de relever, entre les sociétés d'un même type, d'importantes ressemblances de structure ; il n'empêche pas surtout de constater les assimilations qui se multiplient, par la vertu des rapprochements qui s'opèrent entre les civilisations. Si l'humanité n'est pas donnée toute faite, l'humanité devient. Et la sociologie peut noter un nombre croissant de concordances et de convergences qui prouvent utilement qu'en travaillant à associer les nations, nous achevons une oeuvre spontanément ébauchée par l'histoire ; nous nageons, comme eût dit Saint Simon encore, dans le sens du courant.

Le problème moral de la Démocratie [1]

Que peut attendre, que peut espérer le moraliste du progrès de la démocratie ? Si les droits de l'individu sont de mieux en mieux garantis et le contrôle du peuple de mieux en mieux organisé, la quantité de vertus en sera-t-elle accrue dans le monde, la qualité de la vertu en sera-t-elle raffinée ? Beaucoup en doutent, il faut l'avouer. Et dans ce doute lui-même on retrouve l'expression de la grande déception, du désenchantement universel qui a suivi la guerre. Pendant la guerre, l'idéal démocratique brillait, pour ainsi dire, sur tous les boucliers. Mais maintenant il reste caché sous la poussière. Et les hommes sont de plus en plus nombreux qui tiennent la doctrine des Droits de l'Homme pour un rêve et jugent le peuple incapable de se conduire. Les classes « dirigeantes » ont vite repris, en cette matière, leur attitude classique : elles consentent, disent-elles, à travailler pour le bien de la masse, à la condition que celui-ci ne se mêle pas de l'entreprise. Le plus grave, c'est qu'à l'autre bout de l'échelle sociale, la même conviction se rencontre souvent. Des minorités révolutionnaires, qui ne voient de salut que dans la dictature, font chorus contre la démocratie avec les aristocrates traditionnalistes.

De la gauche comme de la droite le môle reçoit l'assaut des vagues.

Comment résister à cet assaut ? Quels barrages, quelles estacades peut-on lui opposer ?

J'en vois trois, pour nia part : des réflexions de rationalistes, des inductions de sociologues, des souvenirs d'historiens.

*

* *

Le rationalisme actif, classique en France, préparé par le mouvement philosophique du XVIIIe siècle, nous avertit que l'ordre social n'est respectable que si lui-même il respecte et fait respecter, en tout homme, la personnalité humaine. Qu'aucun citoyen ne soit traité comme une chose ; que tous soient rétribués et classés selon leurs oeuvres ; que toute distinction sociale, globale et héréditaire, qui s'oppose à l'ascension du mérite personnel soit

---

1 Résumé d'une conférence prononcée à la Fondation Carol, à Bucarest, sur l'invitation de la Société *roumaine de philosophie*.

Célestin Bouglé

effacée : tel est l'idéal vers lequel toute société doit tendre. Et si elle ne fait pas effort pour y tendre, elle ne mérite pas la consécration de la raison. Elle ne trouvera pas, chez les hommes qui réfléchissent, ces serviteurs volontaires dont l'action est nécessaire pour que le règne humain advienne. Et voilà pourquoi il importe, en dépit des réserves de l'aristocratisme, de conserver à nos sociétés ces aspirations égalitaires qui constituent leur justification rationnelle.

C'est sur de pareils jugements de valeurs que nos pères ont vécu. Et peut-être, dans un monde où les hommes « conscients », capables de réflexion, deviennent de plus en plus nombreux, est-il difficile de se passer de justifications de ce genre.

La sociologie, pourtant, n'aura-t-elle rien à nous dire ? Elle prétend observer les sociétés, plutôt que les construire a priori. De quel secours peut être l'observation, pour l'objet qui nous occupe ? [1]

En insistant sur le caractère spécifique, les tendances et les possibilités propres des groupements humains, la sociologie peut déjà nous rendre un service : elle nous délivre des métaphores dont on a abusé contre la démocratie ; elle nous aide à comprendre que celle-ci n'est nullement, comme on l'a répété tant de fois, contraire aux lois de la nature. On a voulu assimiler les sociétés humaines aux organismes. Et la loi du progrès, chez ceux-ci, paraissant être la différenciation, qui répartit en organes distincts des éléments primitivement homogènes, on a décrété paradoxal l'effort de nos sociétés pour effacer toutes distinctions globales héréditaires. Mais il saute aux yeux que dans le règne humain, des possibilités matérielles inédites apparaissent, en même tempe, que des nécessités morales inconnues au règne animal. En parti-culier, il se vérifie que le travail peut fort bien se diviser, entre les hommes, sans empêcher ceux-ci de vouloir contracter librement, à conditions égales : la différenciation professionnelle n'est nullement un obstacle à l'égalitarisme, démocratique.

Celui-ci, au contraire, ne se présente-t-il pas comme un produit logique dans les sociétés que la civilisation occidentale anime de son mouvement accéléré ? De plus en plus, dans les sociétés, le « droit divin » est discuté, les prestiges de naissance sont rongés,

---

1 Dans les développements qui suivent nous résumons les conclusions de trois de nos études antérieures : *La Démocratie suivant la Science. - Les Idées égalitaires. - Le Régime des castes.*

Le problème moral de la Démocratie

par une évolution qui semble irrésistible. Tocqueville, dès avant 1848, ne s'écriait-il pas : « Vouloir barrer la route à l'idée de l'égalité des hommes, c'est vouloir lutter contre Dieu même. »

On mesurera mieux la puissance de cette force idéale si l'on se représente que la plupart des transformations supportées par la structure de nos sociétés, sous les influences d'ailleurs les plus diverses, - progrès de l'assimilation, et en même temps latitude accordée à l'individualité ; centralisation des États et en même temps multiplication der, sociétés particulières auxquelles un même individu est libre de participer à la fois - conspirent pour effacer les distinctions *globales et* héréditaires qui sont le principal obstacle à la liberté comme à l'égalité. Et ainsi l'aspiration démocratique qu'on a si souvent essayé de présenter comme la chimère de quelques rêveurs, entraînant toute une civilisation dans l'erreur, nous apparaîtrait comme un fruit naturel du développement spontané de cette civilisation elle-même.

Soit, dira-t-on : votre sociologie démontre combien il est difficile de résister à la poussée démocratique, et qu'elle est quasiment irrésistible. Est-elle pour autant bienfaisante ? Autre question. L'expérience seule pourra répondre, s'il est vrai que notre civilisation tente un effort d'organisation démocratique sans exemple.

Il n'est pas impossible toutefois d'appeler ici l'histoire au secours. Un régime aussi anti-démocratique que possible a été réalisé. Les résultats en ont-ils été si bienfaisants ? Quiconque étudierait le régime des castes aux Indes verrait bientôt quels graves Inconvénients de toutes sortes résultent de cette spécialisation héréditaire, de cette hiérarchie consacrée, et de cette répulsion mutuelle qui sont les trois traits caractéristiques du régime. En bref, il est un obstacle aussi bien à l'unité nationale qu'à la liberté individuelle. Il aide une civilisation à sortir de la barbarie, mais il l'arrête bientôt sur la route du progrès. La principale vertu, en somme, que nous devions reconnaître à cette fontaine sacrée, c'est une vertu pétrifiante.

Et voilà comment nous pouvons soutenir que bien des arguments convergent - réflexions de rationalistes, inductions de sociologues, souvenirs d'historiens - pour nous aider à résister à l'entraînement anti-démocratique.

Célestin Bouglé

*

* *

Arguments un peu généraux, dira-t-on, un peu éloignés de la réalité actuelle. Celle-ci, sur plus d'un point, ne déçoit-elle pas vos espérances ? Ne vous inspire-t-elle pas plus d'une inquiétude ? Regardez en face les choses d'aujourd'hui pour décider si votre foi démocratique peut tenir.

Il est très vrai que, pour se réaliser, la démocratie met en branle des mécanismes immenses et compliqués, où la moralité ne trouve pas toujours son profit.

La démocratie, dans les nations modernes, ne peut guère être que représentative. Le temps n'est plus où tous les hommes libres de la cité pouvaient s'assembler sur l'agora pour y exercer directement leur souveraineté. Obligés de donner la majeure partie de leur temps à l'effort économique, trop nombreux d'ailleurs pour agir directement en commun, les citoyens des nations modernes - c'est ce que Benjamin Constant, entre autres, a excellemment montré - ne peuvent guère agir politiquement que par personnes interposées. Tout ce qu'ils peuvent souhaiter c'est que leurs mandataires soient effectivement leurs élus.

Mais où l'élection s'installe, il devient particulièrement important de conquérir la majorité. À cet effet, des organisations de combat se forment, des partis se constituent, qui risquent de devenir de vraies machines, des machines à pomper les bulletins de vote.

Qu'on se rappelle les minutieuses enquêtes d'Ostrogorski sur l'action des partis politiques aux États-Unis. Révélation humiliante. Aux mains du boss, les membres d'un parti ne sont plus que les agents d'une vaste entreprise qui paie les voix en faveurs, sinon en argent comptant. Le système des dépouilles s'organise en grand. L'élection se mécanise.

Si encore c'était uniquement pour le service de quelque idéal politique que fonctionnait cette organisation. Mais trop souvent des intérêts économiques particuliers s'en mêlent. Le Trust devient l'allié naturel ou plutôt le patron désigné, le trésorier, le nourricier du parti. La corruption s'érige à la hauteur d'une institution.

Les vieux pays d'Occident, où les choses politiques ne s'industrialisent pas si vite, sont-ils totalement exempts de ces fléaux? Nos députés aussi ont des clients à servir, l'amas de lettres qui se déversent chaque matin dans leur pupitre en est la preuve. La course aux places, aux décorations, aux bourses, parfois les commissions les plus humbles, voilà ce qui occupe la plus grande partie du temps de beaucoup de nos représentants. Heureux encore s'ils ne deviennent pas les serviteurs attitrés de quelque firme qui leur promet des places dans les Conseils d'Administration ou tout au moins des causes intéressantes à plaider.

Du député-apôtre au député commissionnaire, la chute est grave.

J'entends bien que cette immoralité n'est pas, quoi qu'on en dise, le privilège de la démocratie. Le courtisan d'ancien régime fait-il plus belle figure morale que le militant d'aujourd'hui ? Les luttes pour les places autour d'un Louis XIV étaient encore plus âpres et plus mesquines que celles que nous connaissons. La féodalité n'a pas les mains plus propres, bien au contraire. Le baron paie en fiefs ses hommes-liges ; et cette belle hiérarchie constitue un syndicat d'exploitation qui pressure le pauvre peuple. Sous des formes diverses le régime de la clientèle est de tous les temps. La formule d'exploitation du parti politique est, à tout prendre, moins brutale et moins lourde que les formules antérieures. Consolation sans doute, mais non remède. Des remèdes ont-ils été essayés contre la démoralisation dont les partis politiques sont l'occasion ?

*

* *

Le syndicalisme en est un, ses partisans l'affirment avec insistance. Ce n'est pas seulement pour une oeuvre de réorganisation économique qu'ils comptent sur lui, mais pour une oeuvre de réorganisation morale. Qu'il intervienne en particulier dans les administrations, qu'il groupe les fonctionnaires, : ceux-ci se montreront capables de défendre les « compétents » contre les « clients », et par conséquent de sauvegarder l'intérêt du public en même temps que leur intérêt professionnel. On en a eu des exemples. Des syndicats de fonctionnaires ont pu faire casser par le Conseil d'État telles nominations arbitraires dont il arrivait à des Ministres de payer leurs attachés.

Mais en tout état de cause, il n'est pas inutile qu'à l'action des syndicats s'ajoute celle des Ligues. Les Ligues réunissent, en dehors

Célestin Bouglé

de tout intérêt professionnel, les citoyens qui prennent également à cœur ce même souci d'intérêt public : Ligues contre l'alcoolisme, pour la repopulation, pour l'hygiène sociale, etc. Il y a de ces Ligues qui s'assignent pour objet spécial la lutte contre l'injustice, non seulement contre l'illégalité, mais contre l'arbitraire. Telle est chez nous, par exemple, la Ligue pour la défense des Droits de l'Homme et du Citoyen. Sorte d'assurance mutuelle contre l'injustice, la Ligue des Droits de l'Homme est amenée à exercer un contrôle incessant sur toutes les administrations. Elle est comme une Cour des Comptes moraux, comme un libre Ministère qui surveille les Ministères. De ce côté aussi l'action corruptrice des partis peut rencontrer une limite.

Mais, Syndicats ou Ligues, toutes les organisations de contrôle que l'on peut rêver demeureraient impuissantes si nos démocraties ne voyaient pas se multiplier chez elles ces centres de résistance à la corruption que sont les hommes vraiment libres, les personnalités autonomes. Pour avoir le droit et la force de protester contre la marée montante de l'immoralité, encore faut-il qu'on reste soi-même inaccessible aux tentations : dur pour soi-même, afin de pouvoir, s'il le faut, être dur pour les autres. Un instituteur de chez nous, mort à la guerre, Albert Thierry, avait inscrit sur son carnet de route, en soulignant les mots avec une fermeté farouche : *Refus de parvenir*. Pesons bien ce programme de vie. Il implique qu'on veut ne rien devoir qu'à son seul mérite, n'user d'aucun mode de corruption pour se pousser, ne pas participer, sous quelque forme que ce soit, aux distributions de sportules. Rude programme. Il faut souhaiter que beaucoup de consciences se trouvent pour le prendre au sérieux, dans tous les pays où la démocratie cherche à s'organiser. Car elles seront vraiment comme le sel de la terre, le sel dont on a besoin pour empêcher la corruption de tout envahir.

La Vie morale et l'Idéal national [1]

Quand on a entendu un philosophe parler de morale, il arrive assez souvent, qu'on ne sache plus à quel saint se vouer. Il semble que la réflexion philosophique en matière de morale ait ordinairement pour résultat de produire un regain de scepticisme. L'impression générale est assez fondée. Voici ordinairement sur quoi elle repose.

Chacun se rappelle, pour avoir passé sur les bancs du collège ou de l'école, que les philosophes, pour traiter de la morale, énumèrent un certain nombre de théories ; utilitarisme, idéalisme, rationalisme et même de nos jours on dit sociologisme. Les philosophes, comme chacun sait, ont inventé pour le souverain bien un riche écrin de synonymes. Doctrines variées, elles s'opposent les unes aux autres et dans nos classes, souvent, les professeurs de philosophie prennent un malin plaisir à les entrechoquer. Alors l'idée qui surnage, c'est qu'il y a là beaucoup de diversité sinon beaucoup de contradictions et l'on se souvient avec malice d'un de nos prédécesseurs qui s'appelait Varron qui s'est amusé à compter le nombre des définitions du souverain bien que les philosophes avaient proposées. On en a trouvé, je crois, 372. Naturellement, c'est un trait que Montaigne a retenu et il s'est empressé d'en conclure que le mot que devraient prononcer les philosophes en cette matière, c'est celui qu'il aimait lui-même, à savoir : « Que sais-je ! »

Leçon de scepticisme, voilà la première leçon qui nous est donnée par la variété, la diversité, la contradiction des théories philosophiques. Une ressource se présente, un échappatoire, pour éviter le scepticisme : du plan des théories, ne pourrions-nous nous rabattre sur le plan de la pratique ?

Ce ne sont plus les principes que nous invoquerions alors, mais les consignes morales que nous nous imposons. N'y a-t-il pas là un ensemble de pratiques, de règles résistantes sur lesquelles on pourrait tabler ?

Au premier abord, la méthode, quoique raisonnable, ne semble pas donner d'excellents résultats : pourquoi ? Parce que lorsqu'on se

---

1 Résumé d'une conférence prononcée à la Sorbonne, sous les auspices de la Ligue française *d'éducation morale*.

Célestin Bouglé

demande quelles sont les consignes morales auxquelles obéissent les peuples, là aussi on recueille une impression de diversité. Quand on a étudié la vie morale chez les différents peuples, dans les différents pays, aux différents moments de la civilisation, c'est par la variété et, pour reprendre encore une expression de Montaigne, par la « bigarrure », qu'on a été frappé. C'est là-dessus qu'on a d'abord insisté.

On connaît le rat dont parle La Fontaine, qui sort de son trou pour voir du pays ; il est très frappé de voir que les différents pays ne se ressemblent pas entre eux et qu'ils ne ressemblent pas au pays qu'il connaît. L'esprit humain est un peu comme ce rat légendaire ; quand il a commencé à sortir de son trou, à voir du pays, à faire le tour de la terre et le tour de l'histoire, il a été frappé par le spectacle des contradictions humaines. On s'est plu à amasser des anecdotes pour nous faire comprendre que la vie morale n'a pas du tout la même allure chez les anciens que chez les modernes, chez les primitifs que chez les civilisés.

Les exemples abondent. Il faut bien se rappeler en effet que dans certains pays, en Australie, par exemple, l'un des pires péchés que l'on puisse commettre, c'est de regarder sa belle-mère en face. Il y a d'autres pays, où quand une femme doit avoir un enfant, il est du devoir de son mari de l'abandonner, de la laisser exposée, hors du village, dans une case où elle sera toute seule ; son devoir est de ne pas l'assister. Dans d'autres pays, il paraît que c'est du devoir des enfants de rendre aux parents le service de les tuer avant la pleine décrépitude.

Chercherons-nous des exemples dans des civilisations plus proches de la nôtre ? On sait que dans l'antiquité classique le père avait droit de vie et de mort sur ses enfants et peut-être même sur sa femme : dans des temps beaucoup plus proches de nous, on trouvait tout naturel d'employer la torture, non pas seulement pour les gens convaincus d'un crime, mais pour les gens qu'on en voulait convaincre. Voilà un lot d'exemples qui suffisent pour nous montrer qu'en cherchant de ce côté-là encore on aboutit à la diversité, à la contradiction, à l'incertitude. Le spectacle des pratiques, des consignes respectées par les hommes des différents pays et des différents temps est fait pour nous plonger dans l'anxiété. À considérer les faits, nous ne trouvons pas l'unité rêvée, pas plus que nous la trouvions à considérer les théories.

Ainsi donc, scepticisme sur toute la ligne, dicté ou par l'étude des théories ou par l'observation des faits.

*

* *

Regardons-y de plus près, il y a peut-être un moyen de s'en tirer. Il y a peut-être un moyen de trouver, au milieu de ces diversités, de ces contradictions qui nous frappent et qui nous choquent, des principes de convergence morale. Imaginez que, au lieu d'observer les sociétés au hasard et de faire un rapide voyage autour de la terre ou de l'histoire, je m'en tienne à l'observation d'un certain type de société. À l'intérieur d'une même société, il n'est pas très difficile de trouver ce que j'appelle des centres de convergence morale, il n'est pas très difficile de trouver un système de consignes, d'injonctions, de devoirs sur lesquels les gens s'entendent même lorsqu'ils sont séparés par les théories, par leur credo, par leurs croyances ou par leurs incroyances.

La diversité des théories ou des croyances n'exclut pas l'identité des consignes, des injonctions, des pratiques. Par exemple, il est bien évident que s'il y avait moyen de consulter tous les gens réunis dans un auditoire, ils seraient tous d'accord pour proclamer que ce n'est pas un péché de regarder sa belle-mère en face, ou inversement pour proclamer que ce n'est pas un devoir de tuer ses parents.

Ils seraient tous d'accord pour proclamer qu'un officier qui abuse de son autorité, ou un député qui trafique de son mandat, ou bien un professeur qui ne prépare pas ses cours, sont des gens blâmables. Dans tous ces cas, nous administrons méthodiquement l'éloge ou le blâme sans hésiter, pratiquement nous nous mettons facilement d'accord, nous reconnaissons la valeur de ces impératifs, soit que nous nous y conformions en fait, ou tout au moins que nous proclamions que tout le monde doit s'y conformer. Sur ce point la convergence éclate aux yeux.

En dépit des différences d'idées, en dépit des diversités intellectuelles, c'est un fait frappant, incontestable, qu'il y a des convergences morales, dans un même temps, dans un même pays, à un même moment de civilisation. Des lignes, parties de points

Célestin Bouglé

différents, peuvent se croiser en un même lieu, les rayons émanés d'étoiles, que l'infini de l'espace sépare, peuvent se rencontrer sur une même terre ; cette terre, c'est la nôtre, la terre résistante de la réalité morale, de la vie de tous les jours.

Il y a un grand fait qui prouve d'une manière spécialement irréfutable la réalité de ces convergences morales. Songeons tout simplement à l'expérience de la dernière guerre. Rappelons-nous la veille de 1914 : la France offrait au monde le spectacle d'une nation, semblait-il, irrémédiablement divisée contre elle-même. Nous nous battions pour des idées et nous nous battions ferme, c'est dans nos habitudes, et l'ennemi pouvait croire qu'il y avait là un principe de division qui serait fatal à l'unité de notre action. Et cependant, du jour au lendemain, lorsque la guerre nous a été déclarée, lorsque l'ennemi est venu porter l'invasion sur le sol de la Belgique, à ce moment-là, d'un seul coup, la mobilisation des cœurs a accompagné la mobilisation décrétée par la loi; d'un seul coup, en un moment, les principes de division ont été effacés, tous les hommes ensemble, à l'appel de la nation menacée, ont répondu, l'unité morale a été reconstituée. Tous ont accouru vers la frontière, il en est venu de toutes les régions, de toutes les classes, de toutes les couches de la société, il en est venu aussi, ceci est plus important pour nous, de toutes les philosophies, de toutes les croyances, de toutes les doctrines. Ce fleuve immense qui charriait tous les hommes vers la frontière a reçu tout le long de son cours les affluents, les ruisselets venant de tous les sommets de la pensée humaine, si distants qu'ils fussent les uns des autres.

Ceux qui sont restés là-bas je n'aime pas beaucoup, pour ma part, qu'on les fasse parler, qu'on les mêle aujourd'hui à nos querelles ranimées, je n'aime pas surtout que les partis comptent chacun leurs cadavres pour les jeter à la tête du parti adverse : cela me paraît quelque chose de blasphématoire. Nous avons le droit pourtant de chercher la leçon supérieure qui se dégage du grand fait que je viens de rappeler ; c'est vraiment comme la fusée éclairante, la plus magnifique de toutes, au-dessus de la boue sanglante des tranchées. Cette leçon est celle-ci : tous les Français ont été égaux dans le sacrifice exigé par la défense nationale, et il n'y a pas une doctrine, pas une croyance ou une incroyance qui puisse réclamer désormais le monopole de la moralité. C'est une leçon dont il faut, avec acharnement, se souvenir, car c'est une leçon essentielle de tolérance et de fraternité véritable, de fraternité dans l'action. Il est important de se souvenir de ce fait indéniable, de ce fait qui frappe les yeux : il nous aide à regagner quelque chose sur le scepticisme où il semblait d'abord que nous fussions plongés pour jamais. Nous pouvons maintenant remonter la pente et nous pouvons comprendre que sur ce fait-là, sur cette pierre-là, on peut bâtir bien des choses. On peut bâtir des sociétés, des « unions morales » qui font abstraction de la diversité des croyances pour retenir les convergences de l'action. Mais on a bâti antérieurement, sur cette même pierre, quelque chose de plus grand-es proportions : je veux dire l'école laïque elle-même, l'enseignement laïque de la morale. Soupesons ce que signifie un enseignement laïque et national de la morale. Cela signifie que nous savons bien que peut-être par leurs théories, par les croyances ou les incroyances, par les confessions diverses, les enfants et surtout les parents ne seraient pas d'accord entre eux. Mais, en dépit de ces divergences, il y a un certain nombre de points où dans la vie pratique on s'accorde facilement, il y a un certain nombre de consignes qu'on observe en commun, il y a un certain nombre de « valeurs » qui s'imposent à tous, de quelque point de l'horizon intellectuel qu'on vienne ; et c'est là-dessus qu'on peut tabler pour l'enseignement moral. C'est sur cette pierre que s'élève, non pas une église nouvelle ou une anti-église, mais l'école nationale. Là aussi brille un feu éternel. Là aussi une veilleuse est allumée ; elle nourrit sa flamme de beaucoup d'aliments divers ; mais de tous cm éléments divers se forme pourtant une flamme unique.

Voilà ce qu'ont pensé les grands fondateurs de l'école laïque, les Michelet, les Quinet, les Jules Ferry, à qui il convient d'ajouter Ferdinand Buisson : toujours présent pour défendre l'œuvre qui lui est chère à tant de titres ; pour la défendre de la meilleurs manière, en l'achevant, en la complétant, en la perfectionnant.

*
* *

Ces convergences morales n'expliquent pas seulement la possibilité d'un enseignement laïque de la morale, elles expliquent la possibilité d'une étude scientifique de la morale, elles expliquent

Célestin Bouglé

la possibilité de ce qu'on appelle la sociologie morale ou la science des mœurs. Il faut S'arrêter un instant sur cette nouvelle venue parmi les sciences qu'on enseigne à la Faculté des Lettres. Pour ne parler que de ceux qui ne sont plus, rappelons que c'est Émile Durkheim qui a introduit parmi nous de pareilles préoccupations. On se rendra compte tout de suite que si cette entreprise est passible, c'est parce qu'il y a en effet des convergences morales qu'on escompte et sur lesquelles on table. Si l'on voulait étudier les idées morales à travers les théories, à travers les abstractions des philosophes, la diversité, les divergences nous arrêteraient bientôt. Mais, puisqu'il y a des consignes que les consciences acceptent toutes, d'un commun accord, on peut saisir, à travers les institutions, à travers toutes les sanctions dont la conscience collective dispose, on peut étudier le mouvement des idées morales elles-mêmes. On peut essayer de construire par induction une science de ces idées, comme on a construit la science des choses de la nature elle-même. Tout le monde pressent l'intérêt, l'importance de l'entreprise. C'est un mouvement enveloppant qui s'achève, c'est l'humanité qui va se trouver prise à son tour dans le filet de notions scientifiques qu'elle jette sur le monde ; de ces choses de la conscience, on va pouvoir constituer une science. Et peut-être que cette science-là ne sera pas inutile à la morale.

On répète quelquefois - et M. Appell sur ce point paraît se rallier aux formules de Henri Poincaré - « La science est indifférente à la morale. » Oui et non. Aucun doute pour la science physique, pour la science naturelle, la science mathématique. La science des mœurs, l'étude scientifique appliquée aux faits moraux eux-mêmes, c'est autre chose : insuffisante peut-être pour nous décider, en tout cas ne nous serait-elle pas inutile pour éclairer le chemin où nous devons marcher. Imaginez que cette science soit constituée. Cela reviendrait à dire que de même que le naturaliste distingue certaines familles de plantes, qu'il peut dire à quelle latitude, à quelle altitude elles peuvent vivre, de même le sociologue distinguerait certains systèmes, certaines familles de règles morales et montrerait à quel type de culture sociale cet ensemble de règles correspond. Il réintroduirait ici un principe d'ordre, il discernerait des corrélations, des correspondances, des harmonies.

Nous ne serions plus obligés de nous en tenir au spectacle un peu chaotique auquel se complaît le scepticisme qui ne veut voir que variété partout. Le sociologue nous dirait : il y a de la variété sans doute dans les systèmes de valeurs qui S'imposent aux différents peuples, mais cette variété n'est pas quelque chose d'arbitraire, quelque chose de fantaisiste. Si tel système de valeurs est accepté par une société, cela tient à sa structure, à sa constitution, à ses tendances.

Il y a un rapport ici entre valeur morale et structure sociale. Les valeurs morales nous apparaissent dès lors comme enracinées dans la réalité historique.

On devine qu'en suivant cette voie, en élargissant ce champ de recherches la science des mœurs peut offrir à la vie morale toutes sortes de constatations, utiles. Elle oriente celle-ci vers la réalité. Elle la rattache à la vie des groupes.

Est-ce à dire que toutes les exigences de notre conscience soient satisfaites par les réponses que pourrait nous apporter la science des mœurs ? Après tout, pour agir, moralement, il ne nous suffit pas seulement que les consignes devant lesquelles nous nous inclinons se présentent comme autant de faits, comme autant de murailles dressées devant nous. Qu'un devoir s'impose à nous comme un fait, sans plus, ce n'est pas toujours satisfaisant. Nous voulons tout de même des raisons, un objectif général, une fin suprême en fonction de laquelle se coordonneraient toutes nos activités. Il est très difficile de déraciner de nos consciences cette exigence rationnelle. Pour nous en délivrer on nous répète : « Vous cherchez midi à quatorze heures, quand vous demandez la fin suprême de la moralité. Ce n'est pas ce qui est en question : vous êtes embarqués sur un certain navire et il est poussé par un certain courant. Eh bien! obéissez à la tradition qui règne à l'intérieur de ce navire. Vous n'avez pas à en demander plus long. » Le malheur, c'est qu'on en demande plus long. Au moment de la civilisation où nous en sommes les consciences en demandent plus long et veulent savoir où on va. Il ne leur suffit pas de savoir qu'on est emporté par un courant, elles se rendent compte que les navires ont des voiles et qu'elles peuvent changer de forme et de place, ils ont un gouvernail qu'il faut manœuvrer ; or pour manœuvrer il faut savoir où l'on va, il nous faut des étoiles pour nous guider. Il nous déplaît de n'être que les esclaves d'un courant, nous voulons

Célestin Bouglé

être les serviteurs d'une étoile.

Qu-elles sont donc nos étoiles ? J'en vois plusieurs, j'aperçois diverses fins suprêmes qu'on peut se proposer pour expliquer et justifier notre action. Par exemple l'idéal suprême qui expliquerait les convergences morales, ce sera la force des nations, ou bien le salut des âmes, ou bien l'expansion de la vie spirituelle, aboutissant à un élargissement nouveau de la vie sociale. Voilà différents objectifs que nous pouvons passer en revue.

*

* *

Je dis d'abord la force des nations. La force des nations, ce pourrait bien être la fin suprême qui explique toutes les convergences morales que j'ai relevées. Un certain nombre de consignes s'imposent à nous dans tous les ordres : devoirs professionnels, devoirs familiaux, devoirs patriotiques. Dans tous les cas, il est vraisemblable que ces consignes servent l'intérêt du groupe et il est bien naturel que la sociologie, commençant ses études, comparatives sur les convergences morales nous oriente de ce côté-là. Pourquoi est-ce naturel ? Parce que, comme je le disais, elle cherche à introduire des rapports, des corrélations entre le système des consignes morales qu'on respecte à l'intérieur d'une société et la structure de cette société elle-même. Or, s'il y a corrélation, correspondance, harmonie, il est bien probable que ceci sert à cela ; les consignes morales servent au bien de la société. Au surplus, Durkheim, dont j'évoquais la grande mémoire, ne le disait-il pas? « La morale commence là où commence l'attachement à un groupe. » Et dans le groupe il faut voir, semble-t-il, non seulement l'origine, mais la fin, le but de la morale. Qu'on analyse les effets probables des différents devoirs que nous nous imposons à nous-mêmes et que nous nous imposons les uns aux autres, toujours ces effets tendent à maintenir la vie même de la société. Les soldats dont nous évoquions tout à l'heure l'exemple ne le prouvent-ils pas ? Au moment du sacrifice suprême que s'écrient-ils ? « Vive la France. » Vive le pays pour lequel ils meurent. Il semble que la vertu suprême aboutisse à entretenir, à accroître la vie même du pays auquel on appartient. La vertu des citoyens, c'est cela qui fait la force des nations. C'est pour que les nations soient fortes, que leurs, citoyens sont vertueux.

Mais encore, que faut-il entendre par force des nations ? C'est un mot qui peut prêter à bien des sens. Comment l'entendre au juste, comment le définir sans arbitraire ? Il y a peut-être un moyen de le définir, comme on dit, objectivement. Il arrive que des nations différentes entrent en conflit, en concurrence, en combat. Celle qui l'emportera aura prouvé par là qu'elle était la plus forte, elle aura prouvé par là qu'elle était la plus morale, qu'elle était la plus vertueuse.

Il s'est trouvé des philosophes, particulièrement un grand philosophe allemand, Hegel, pour formuler à peu de choses près une théorie de ce genre : il a dit en propres termes : « L'histoire du monde, c'est le tribunal du monde. » Les nations défilent en quelque sorte devant le tribunal, celle qui triomphe, c'est celle qui avait le bon droit et la vertu pour elle : la force est la preuve du droit. Voilà ce que la philosophie allemande a exprimé de bien des manières. Ne nous hâtons pas pour autant de prétendre que cette théorie est une théorie purement germaniste. Non. Il faut être juste, cette idée que la force des nations est la fin visée par les citoyens honnêtes et que la force des nations se mesure à leurs succès, n'est pas seulement une idée germanique. J'y vois une des idées principales de cette culture antique dont on nous vante les bienfaits. Ce n'est pas seulement une idée germaine, c'est d'abord une idée romaine. Où avez-vous entendu ce thème que la force de l'État, c'est ce qui importe avant tout, qu'il faut tout lui sacrifier ? Rappelez vous les héros de Corneille, en particulier les Horace, rappelez-vous les héros de Parodi dans Rome *vaincue*. Analysez leur langage, il revient toujours à dire : « Il y a une valeur qui est au-dessus de tout, c'est la primauté de Rome. Il faut qu'elle soit la première, il faut qu'elle soit la plus forte, il faut qu'elle domine le monde. Tu *regere imperio populos, Romane, memento.* » Il est bien évident qu'à ce moment-là toute la vie morale est orientée vers, cette fin : la supériorité de la nation ; le patriotisme ici s'achève et s'épanouit dans un véritable impérialisme.

Il est clair que toutes les nations aujourd'hui gardent les unes comme les. autres, chacune à sa manière, quelque chose de cet idéal, elles gardent toutes quelques chose de cette façon d'interpréter la vie morale, elles gardent toutes l'idée que les vertus particulières

Célestin Bouglé

tendent à la force collective des nations. Et sans doute, il n'en est pas beaucoup qui avoueraient qu'il faut rendre la nation forte au point qu'elle puisse imposer sa volonté à toutes les autres. Mais, toutes au moins, elles diraient : « Il y a un minimum que nous ne pouvons pas abandonner, c'est le souci de l'indépendance. Il faut qu'une nation soit forte pour pouvoir défendre son indépendance. Une nation qui n'aurait pas assez de force et de vertus pour défendre son indépendance mériterait d'être rayée de l'histoire ». Cet idéal-là continue à constituer une partie intégrante de notre vie morale. Est-ce à dire que nous puissions nous y borner ?

N'avons-nous pas besoin de chercher une autre étoile ? Les vertus particulières tendent à la force collective des nations. Est-ce assez ? Il est difficile de s'en tenir là. Il est impossible à l'heure où nous vivons de s'en tenir là. À qui la faute ou, si l'on veut, à qui l'honneur? Il faut le dire nettement : aux religions d'abord.

*

* *

Ce sont les religions prosélytiques qui ont eu le périlleux honneur d'imposer un idéal plus large à la civilisation occidentale. Pendant longtemps les religions ont été les servantes, ou plutôt les maîtresses des cités. Si la cité devait être forte pour faire, respecter son indépendance ou imposer 'sa puissance, c'était pour faire plaisir à ses dieux. Le centre moral de la cité c'était l'autel consacré à la religion des ancêtres. Telle était la source sacrée du patriotisme antique. À ce moment-là il y a coïncidence entre idéal national et idéal religieux. Seulement cela n'a pas duré. Pourquoi ? Parce que les religions ont passé par-dessus, les murailles des cités, elles ont passé par-dessus les frontières des nations. Elles ne sont pas restées nationales, elles sont devenues internationales en devenant prosélytiques. Elles ont été chercher des adeptes et des néophytes dans tous les pays. Bien loin de demander aux gens qu'elles rencontraient leur race, leur nation, leur langue, à tous elles ont voulu parler le langage de l'esprit, le langage de l'âme, le langage d'une divinité supérieure à toutes ces divinités nationales. Voilà le grand effort des religions prosélytiques et voilà ce qui a changé la position du problème moral.

La position est toute changée, parce que, lorsqu'on se place à ce point de vue, il est bien évident que les grands intérêts collectifs, la force des nations, à laquelle je faisais allusion tout à l'heure, perdent un peu de leur prix, se décolorent en quelque sorte. Ce qui passe au premier plan, ce n'est plus qu'une nation soit temporellement puissante, matériellement puissante, militairement puissante, ce qui importe pour le croyant pénétré de la logique religieuse, c'est le salut de l'âme. Rappelez-vous les maximes de l'*Imitation*. « Il faut être sur cette terre comme si on était un étranger, un voyageur, un hôte de passage qui ne s'intéresse à rien. » Et Pascal dit de son côté : « On mourra seul, il faut donc faire comme si on était seul. »

Si la préoccupation du salut personnel passe ainsi au premier plan, M. Loisy pouvait dire, en parlant de l'idéal chrétien, que logiquement celui-ci implique un détachement essentiel, un désintéressement à l'égard de tous les intérêts humains, de toutes les choses terrestres. Qu'importe que la société soit vraiment puissante, qu'elle soit bien bâtie, qu'importe que la tente soit trouée et qu'elle n'abrite pas tout le monde, puisque demain elle doit être abattue pour laisser voir l'infini du ciel qui doit être ouvert à tous ? Voilà la position qui est prise par les religions prosélytiques, non seulement par la religion chrétienne, mais encore plus par les religions orientales, par toutes sortes de religions qui prêchent le désintéressement, le détachement, quand elles ne prêchent pas le Nirvâna lui-même.

Quelle grave question nous pose ce nouvel idéal moral ! Pour bien comprendre comment elle se pose, empruntons une parole, non pas à la religion chrétienne, mais à une religion moins proche de nous, à une religion de l'Orient. Je lis dans la grande épopée hindoue du Mahabharata, dans l'épisode « La veillée dans la nuit » : « Il faut sacrifier l'individu pour une famille, une famille pour un village, un village pour toute une campagne et *toute la terre pour son âme* ». C'est le mot de la fin que je veux retenir : « Il faut sacrifier toute la terre pour son âme ? » Voilà une question grave, une question angoissante. Est-il vrai que pour sauver notre âme individuelle, nous soyons prêts à sacrifier toute la terre ? à nous détacher d'elle comme un ballon privé de lest, à voir cette terre maternelle s'éloigner de nous, se perdre dans l'infini ? Voulons-nous, à jamais, oublier la terre de manière à assurer notre salut personnel ? Beaucoup d'entre nous jugeraient impossible

Célestin Bouglé

de répondre oui. Nous ne voulons pas abandonner la terre, nous voulons qu'elle soit mieux fécondée, qu'elle soit mieux aménagée, qu'elle soit le royaume du progrès humain, et qu'y puisse luire enfin l'idéal même du bonheur du peuple.

Insistons un peu -sur cet idéal qui semble impliquer l'abandon de la terre, l'abandon de l'humanité. Il faut bien se rendre compte qu'il est beaucoup plus tentateur qu'on ne le croit au premier abord. Il est tentateur surtout dans les moments où l'humanité paraît se fourvoyer, dans les moments où l'on désespère même du progrès. De ces moments-là, Renan disait : « Le sage se couvre la tête et laisse faire aux dieux. » Il devait plutôt dire : « à ces furies déchaînées contre elles-mêmes qui sont les passions humaines ».

Souvent, il faut l'avouer, dans les heures sombres, on éprouve cette espèce de tentation de mener sa barque de son côté, de s'occuper de son âme, de se cultiver, de se purifier, de s'élever. Voilà une tentation qui nous assiège surtout lorsque nous avons pu organiser notre vie morale et spirituelle de manière à grouper autour de nous quelque petit cercle charmant, une famille unie, par exemple, la bonne famille française où l'on se surveille et l'on s'entr'aide. Refuge idéal où l'on aime à rester enfermé.

Vous avez peut-être eu le privilège de passer, avec les vôtres, quelques jours au bord de la mer, un jour de tempête où le vent fait rage. Il mugit, il gémit, les vagues s'entrechoquent et vous, avec votre petite famille, vous êtes là autour de la table qu'éclaire la lampe, vous lisez à voix haute quelque beau livre, vous vous faites jouer quelque morceau de musique. Vous vous purifiez l'âme, vous vous élevez ensemble. Après cela, vous irez vous coucher la conscience tranquille ?... Eh bien ! non. Réfléchissez-y, vous ne pouvez pas aller vous coucher la conscience tranquille... Ces sifflements, écoutez bien, écoutez mieux, ils sortent de poitrines humaines ; ces gémissements, ce sont les hurlements des enfants sans pain et sans asile ; écoutez bien, écoutez mieux, ces vagues qui écument les unes contre les autres, ce :sont Iris passions humaines qui s'entre-choquent pour retomber lourdement sur le cœur des épouses et des mères, c'est toute une humanité qui se tourmente, qui se lamente. Alors, quand vous avez pris conscience de tout cela, voue ne pouvez plus rester occupés seulement de vous-même et des vôtres, vous ouvrez grande la porte sur la nuit, vous reprenez votre bâton et vous lancez dans la mêlée.

*

* *

L'étoile qui nous guide alors, on le reconnaît : c'est l'idéal du progrès de l'humanité, disons même l'idéal du bonheur du peuple. Le bonheur du peuple, le bien-être du peuple, il ne faut pas avoir honte de prononcer ce mot. Cela paraît un peu matériel, pour ne pas dire matérialiste, de réclamer ainsi du bien-être ? Eh bien ! Renan, dont on a tant vanté l'idéalisme ces temps-ci, Renan lui-même nous en a avertis dans « l'Avenir de la Science », en protestant lorsqu'on accuse de matérialisme ceux qui veulent le bonheur du peuple. Il dit : « La tendance des classes pauvres au bien-être est juste, légitime et sainte, puisque les classes pauvres n'arrivent à la vraie sainteté qu'est le perfectionnement intellectuel et moral que par l'acquisition d'un certain degré du bien-être. Quand un misérable travaille à s'élever au-dessus du besoin, il fait une action vertueuse, car il pose la condition de sa rédemption ». Voilà des paroles rassurantes qui nous prouvent que nous n'avons pas tort de réclamer hautement que ceux qui ont faim mangent à leur faim, que ceux qui font crucifiés descendent de la croix, que ceux qui sont opprimés se redressent et *puissent* enfin regarder le monde en face. Contre quiconque travaille à maintenir une organisation sociale injuste, nous proclamons le droit au bonheur du peuple, et nous disons qu'il ne faut pas avoir honte de réclamer du bien-être. Les syndicats ouvriers ont raison de mettre sur leurs bannières « Bien-être et Liberté ».

Est-ce là, tout de même, notre idéal final ? Nous réclamons plus de bien-être pour le peuple. Est-ce seulement pour qu'il mange mieux, et, si j'ose dire, est-ce pour qu'il engraisse ? Non, c'est pour qu'il progresse lui-même, C'est pour que, mieux nourri, mieux logé, mieux vêtu, il puisse participer à des biens *qui* ne sont pas, eux, des biens matériels, qui sont pourtant l'essentiel d'une civilisation. Si nous voulons plus large place pour lui au fameux banquet de la vie, ce n'est pas pour qu'il y trouve seulement la poule-au-pot dont parlait déjà Henri IV ; nous voulons voir sur cette table des choses plus précieuses : les grandes œuvres de l'art et de la science qui sont ce par quoi l'humanité, s'est distinguée de l'animalité. C'est

Célestin Bouglé

cela qui constitue l'essentiel de la civilisation et le peuple ne sera vraiment civilisé que s'il conquiert lui-même, à travers une vie matérielle plus large, une vie spirituelle plus profonde. Louis Blanc a dit avec force : ce que nous avons le droit de reprocher par-dessus tout à l'organisation sociale, c'est que, trop souvent, elle oblige le 'pauvre, le prolétaire, « *à vendre son âme* ». Il faut une organisation sociale plus juste *qui* ne lui demande pas de vendre son âme, qui lui permette, je ne dirai pas d'acheter une âme - ces Choses-là ne s'achètent pas - mais de la gagner, de la conquérir, de se créer une âme véritable. Voilà ce que nous retenons de la doctrine du salut des âmes ; nous voulons, en effet, que sur cette terre, au milieu de la matière mieux organisée, au milieu d'une société plus juste, le peuple puisse s'élever, par une vie sociale plus libre, à une vie spirituelle plus haute. C'est ainsi que derrière la matière nous voyons resurgir l'esprit, comme le soleil derrière la montagne.

*

* *

Ce n'est pas fini pourtant et nous avons peut-être encore un étape à parcourir. Cette vie spirituelle qui nous apparaît comme le but dernier, au-dessus de la vie matérielle améliorée, ne serait-elle pas encore un moyen en vue de la vie sociale elle-même ? Est-ce. que la vie de l'esprit nous paraît toujours le bien suprême, quelle que soit la forme qu'elle prenne, par exemple sous la forme qu'elle prend chez le jouisseur solitaire, l'esthète, le dilettante ? Est-ce à ce moment-là qu'elle satisfait les exigences de notre conscience morale ? Analysons davantage.

La vie spirituelle nous paraît moralement précieuse, parce qu'au fond, plus ou moins clairement, nous nous rendons compte qu'elle appelle une vie sociale nouvelle, une vie sociale plus large. Songeons seulement aux fonctions supérieures, de l'art et de la science. On nous dit quelquefois que l'artiste est un solitaire, qu'il ne songe qu'à satisfaire sa conscience d'artiste. Ce n'est pas exact, il pense à une foule, à une humanité. Victor Hugo auquel on va dresser à la Sorbonne une chaire digne de lui, ce Victor Hugo, lorsqu'il se chante, chante pour les autres. Il a pris la précaution de mettre comme épigraphe à son oeuvre lyrique : « Insensé, qui crois que tu n'est pas moi. » Tous les poètes dignes de ce nom veulent eux aussi être les maîtres d'un chœur, ils évoquent tous des auditoires qui leur fassent écho. S'ils ne sont paf, compris du public d'aujourd'hui, il en appellent au public de demain. Ce qui revient à dire que tous, plus ou moins obscurément, plus ou moins clairement, se rendent compte des vertus socialisantes de l'œuvre d'art. Ils essaient de communiquer aux âmes une même vibration qui, à un certain point de vue, les unifiera, ou tout au moins les harmonisera.

Pour la science n'est-il pas encore plus facile d'apercevoir cette vertu socialisante qui est en elle ? Les grands savants dont nous avons si souvent évoqué la mémoire, les Pasteur, les Marcelin Berthelot, les Claude Bernard, croyez-vous qu'ils pensaient seulement au bien matériel que l'humanité retirerait de leurs travaux ? Ils y pensaient certes, et Pasteur ne manquait pas d'évoquer les foules que son geste soulagerait. Mais ce qui garde peut-être plus de prix aux yeux du savant véritable, ce sont les vérités qu'il découvre. Des vérités, c'est-à-dire par définition, des choses communicables, des choses que toute intelligence avec l'effort nécessaire peut comprendre, et dont aucune intelligence en dépit de son effort ne peut se déprendre. Si c'est une vérité, c'est une acquisition pour la société humaine, pour la sociabilité humaine ; augmenter le nombre de vérités acquises, c'est multiplier, si j'ose dire, les traits d'union entre les âmes. Et, par là, il apparaît que comme l'art, la science joue un rôle socialisateur. Il apparaît que les plus hautes fonctions de la vie Spirituelle sont de préparer une vie sociale où les hommes, à quelque race, à quelque nation qu'ils appartiennent, pourraient communier par la tête et par le cœur. Et voilà comment derrière la vit spirituelle nous apercevons l'ombre ou plutôt l'aurore d'une vie sociale plus large.

*
* *

Nous touchons au but. Nous cherchions une étoile, nous en avons trouvé plusieurs, nous avons trouvé toute une constellation d'étoiles, plusieurs souverains *biens suprêmes* : la force des nations, le bonheur du peuple, la vie spirituelle, la vie sociale. Comment toutes ces fins s'accordent-elles ensemble ? Ne pourrait-on pas en choisir une qui serait première, les autres n'étant que des moyens, que des fins dérivées ?

Célestin Bouglé

C'est là-dessus que les philosophes discutent le plus. Laissons-le à leurs difficiles débats. Nous nous sommes avancés aujourd'hui jusqu'au seuil du temple philosophique, n'y pénétrons pas plus avant, peut-être entendrions-nous de redoutables discordances...

Mais il y a plus d'un moyen dans la pratique de la vie de concilier les théories philosophiques. Et cette conciliation nous est plus facile à nous, Français, plus peut-être qu'à tout autre peuple. N'y sommes-nous pas préparés spécialement par nos traditions ? Nous Sommes comme prédestinés à bien servir cette vie sociale qui s'épanouit en vie spirituelle et cette vie spirituelle qui s'épanouit en vie sociale. Notre langue n'est-elle pas la plus claire de toutes ? Nos savants ne sont-ils pas ceux qui illuminent le mieux les idées pour la joie du monde entier ? La nation française n'a-t-elle pas toujours été « amatrice de société humaine » et notre peuple, s'il veut aujourd'hui un peu plus de bien-être, ne garde-t-il pas le souci des valeurs esthétiques et des connaissances intellectuelles ? Il ne demande qu'à s'élever. Ainsi de tous les côtés, des pierres d'attente sont assemblées. Si nous ne réussissons pas, avec tout cela, à bâtir une arche splendide, aussi belle qu'un arc-en-ciel, une arche de coopération nationale d'abord, internationale ensuite, nous serions vraiment indignes des grandes richesses qui ont été pour nous accumulées par nos ancêtres et pour nous sauvegardées par nos héros.

Féminisme et sociologie [1]

Faut-il ouvrir toutes grandes à la femme les portes de toutes les situations ? Convient-ils, en particulier, de lui mettre en mains le levier à l'aide duquel on vient à bout de bien des résistances : le levier parlementaire ? Doit-on faire de la femme une citoyenne complète ?

Il est bien remarquable qu'à la question ainsi posée on ne répond plus seulement par des plaisanteries ou des galanteries, ni même par des arguments d'opportunité politique. On invoque volontiers la science. On allègue les lois de la nature ou de la société découvertes par les recherches des savants. Partisans comme adversaires du féminisme, tous seraient heureux d'avoir pour alliée l'Autorité des temps nouveaux, l'Autorité qui entend se fonder sur les faits eux-mêmes.

Est-il donc permis d'espérer que dès à présent la science qui étudie la constitution et l'évolution des sociétés - la sociologie - pourrait jeter dans le débat quelque argument « objectif » ?

*

* *

Toute civilisation a ses dominantes : quelques grands faits caractéristiques qui s'imposent à l'attention de tous, commandent le mouvement général, exercent enfin leur influence tant sur les institutions que sur les idées. Dans la civilisation occidentale contemporaine, dans celle qui, s'étant installée chez les nations d'Europe, tend de proche en proche à s'étendre au reste du monde, trois puissances nous paraissent tenir ce rôle : l'industrie, la science, la démocratie.

L'Occidental est par excellence l'homme qui commande à la nature. Il en discipline les forces ; par toutes sortes d'outils et de machines, il les fait servir à ses fins. Ainsi multiplie-t-il ces produits de formes géométriques, qu'il lance sur tous les marchés de l'univers. Notre grande industrie ne connaît ni trêve, ni limites.

Mais l'élan de la grande industrie serait-il aussi ,puissant s'il n'était secondé et entraîné par le progrès même de la science ?

1 Résumé d'une conférence faite à Lille sous les auspices de la *Société pour le Suffrage des femmes*.

Célestin Bouglé

Le technicien peut bien, par d'heureux tâtonnements, mettre la main sur un procédé fécond, inventer, un ingénieux outillage. Mais pour que l'exploitation des ressources du globe prît l'allure vertigineuse que nous lui voyons, il fallait un perfectionnement des connaissances théoriques dont les inventions pratiques fussent comme les applications. Seule la connaissance de plus en plus précise des lois physiques, chimiques ou biologiques devait permettre à l'homme européen et à ses élèves tant de méthodiques audaces. Notre civilisation est scientifique autant qu'industrielle, sinon même industrielle parce que scientifique.

La force croissante de la démocratie n'y est pas moins caractéristique. Sur cette terre aménagée et comme humanisée par tant d'inventions, les institutions se multiplient qui permettent aux peuples de devenir maîtres de leurs destins. Du moins les hommes à qui l'on confie le soin du gouvernement et de l'administration sont-ils soumis de façons diverses au contrôle public; il leur est rappelé non seulement qu'ils doivent travailler pour les peuples, mais leur rendre des comptes.

Si imparfaits que puissent être les mécanismes conçus pour l'organisation de ce contrôle, le principe sur lequel il repose est lui aussi le témoignage d'une extrême audace ; il apparaît dans l'histoire comme unie nouveauté grosse de conséquences ; il prouve que certaines idées ont pris dans la conscience collective, chez nous, un empire irrésistible : les idées égalitaires.

Comment expliquer cet empire ? Par les inventions idéologiques, par les fantaisies, quelques-uns diraient par les « erreurs » de certains penseurs ? La sociologie s'accommode mal de l'idée que des mouvements collectifs aussi puissants soient dus à la seule influence de doctrines élaborées par quelques cerveaux d'élite. Si ces doctrines ont mordu sur la masse, c'est qu'elles répondaient elles-mêmes à quelque besoin plus ou moins clairement ressenti par tous ; c'est que les transformations mêmes éprouvées par les sociétés dans leur structure favorisaient spontanément d'une façon ou d'une autre l'expansion de cet idéal.

On a en effet essayé de montrer que l'accroissement de la densité sociale dans nos sociétés, le double mouvement qu'on y voit travailler à uniformiser les gens d'une part et d'autre part à les

Féminisme et sociologie

individualiser, le progrès de la centralisation et en même temps la multiplication des groupes divers auxquels un même homme peut participer, tout contribuait à abaisser les cloisons du régime des castes, à effacer les distinctions collectives qui empêchent l'individu de faire valoir ses droits en donnant la mesure de son mérite, à mettre enfin en lumière le prix des personnalités égales.

*

* *

D'où l'on peut tirer une sorte de confirmation à l'impression de Tocqueville. Il lui semblait, disait-il, que tenter de barrer ce courant égalitaire, « ce serait vouloir lutter contre Dieu même ». Qu'on voie dans l'intensité de ce courant l'effort d'une finalité providentielle ou celui d'une fatalité historique, toujours est-il que ce courant semble aujourd'hui irrésistible.

Or il est bien remarquable que de ce grand mouvement d'idées les femmes, elles aussi, sont fondées à réclamer le bénéfice. Quand on proclame les Droits de l'Homme, entend-on exclusivement les droits du *sexe* masculin ? Les mêmes exigences de la conscience collective, favorisées par les transformations de la structure sociale, qui font tenir pour intolérable qu'un homme, par la faute de quelque préjugé de caste, soit maintenu dans une situation inférieure à sa capacité, ne valent-elles pas pour les femmes ? Il leur sera donc loisible d'invoquer le patronage des mêmes idées-forces, d'appeler elles aussi à leur secours l'élan de notre histoire et d'attacher enfin leurs revendications propres à un ensemble d'aspirations auquel rien, dans notre civilisation, ne paraît pouvoir résister.

*

* *

Il y a de l'équivoque, dira-t-on, au bord de cette argumentation. Car lorsque l'idéal égalitaire réclame l'abaissement des barrières, dressées par un régime de castes, ce n'est pas contre de lois de la nature qu'il s'insurge : on paraît oublier celle-ci au contraire, si l'on méconnaît la différence des sexes et toutes les conséquences qu'elle comporte. Toute votre sociologie ici s'achoppe au roc de la biologie.

Il est clair que la plupart des résistances que rencontre le féminisme

Célestin Bouglé

se fondent sur cette conviction : le sexe prime tout. Et plus la biologie et la psychologie font de progrès, mieux elles s'accordent pour démontrer l'influence qu'il exerce non pas seulement sur l'organisme tout entier, mais sur les façons de sentir, de penser, de vouloir. La vocation de la femme, inscrite dans son organisme, est d'avoir des enfants. Et elle-même, à bien des points de vue, demeure une enfant. Telle est en bref la thèse commentée en tant d'ouvrages qui opposent la science au féminisme. La conclusion qu'on en tire, c'est qu'il est vain de vouloir égaliser l'homme et la femme. Celle-ci ne saurait prétendre à la même capacité intellectuelle que son partner : à quel titre lui offrir, donc, la même capacité politique ?

L'argumentation ainsi résumée est à base matérialiste. Elle postule qu'une certaine structure anatomique détermine une Certaine structure mentale. Elle implique que l'organisme commande à l'esprit.

Faisons observer d'abord que la science proprement dite est encore loin d'autoriser de pareilles conclusions. La réserve est de rigueur en pareille matières. Et quiconque y manque s'expose à des démentis brutaux de l'expérience. Il faut se souvenir du cas du savant russe qui, désireux de voir interdire aux femmes l'accès des Facultés de médecine, et persuadé de leur infériorité congénitale, enseignait que leur cerveau devait peser 1/3 de moins que celui de la moyenne des hommes. Quand vint l'heure de l'autopsie qu'il avait demandée pour lui-même, il apparut que son propre cerveau pesait moins que celui de la moyenne des femmes...

Mais allons plus loin, posons une question plus large et convenons qu'une des tendances naturelles de la sociologie, c'est de limiter en psychologie les ambitions du matérialisme. Celui-ci ne semble-t-il pas vouloir expliquer ce qui se passe dans l'esprit par ce qui se passe dans l'organisme ? Prétention inadmissible pour la sociologie, laquelle entend expliquer, au moins partiellement, ce qui se passe dans l'esprit par ce qui se passe dans la société. Il y a ici comme une concurrence de principes explicatifs : si les arguments de la matière rendaient compte de tout, ceux des formes sociales ne serviraient à rien. Prisonnier du crâne, l'esprit ne saurait être 'en son développement aidé par la société. Le postulat de la sociologie est au contraire, que les modalités du groupement humain exercent une action sur la vie mentale, l'inhibent ou la stimulent,

Féminisme et sociologie

la canalisent dans un sens ou dans l'autre, lui ouvrent en un mot des possibilités auxquelles la seule nature organique ne faisait pas penser. S'il y a une nature humaine, a-t-on dit, n'est-ce point parce qu'une nature sociale se surajoute à la nature animale ?

On pourrait définir brièvement cette tendance en disant que le postulat de la sociologie c'est la foi dans l'éducation. Non pas dans l'éducation entendue au sens strict, mais dans l'éducation entendue au sens large. Non pas dans les seules paroles d'un maître en classe. Mais dans les pressions de toutes sortes que, du berceau à la tombe, l'individu subit de la part des milieux sociaux qu'il traverse, et dans les secours de toutes sortes qu'il en reçoit.

De ce point de vue, on devine ce que pourraient alléguer les femmes, auxquelles on reproche l'infériorité intellectuelle de leur sexe.

S'il est vrai que la situation sociale faite à un être humain développe ou paralyse ses aptitudes, qui peut dire que la société nous ait fait bonne mesure ? Qui peut dire qu'elle nous ait seulement permis de donner notre mesure ? La pression sociale ne s'est-elle pas exercée plus souvent à notre détriment qu'en notre faveur ? On nous a pendant des siècles tenues en cage : étonnez-vous après cela que nous ayons cervelles d'oiseaux... Les qualités qu'une élite de femmes a réussi à déployer, malgré tous les obstacles qui sait si elles ne se développeraient pas dans la masse des femmes elle-même, pour peu qu'on leur en prête les moyens ?

Le fait est que si l'on essaie de remonter vers les origines, on s'aperçoit aisément que la répartition des tâches entre les sexes, qui exerce une influence prédominante sur leur situation sociale, est bien loin d'avoir été en tout et pour tout commandée par leurs aptitudes naturelles.

*

* *

Dans sa « Psychologie *de la Femme* » M. Marion risque cette loi : « Plus une société et avancée en civilisation, plus la division du travail y est portée loin entre l'homme et la femme. » Les recherches sociologiques nous inclineraient plutôt, aujourd'hui, à prendre le contre-pied de cette proposition. Dans les sociétés primitives, il arrive très souvent que la division du travail soit portée très loin

Célestin Bouglé

entre l'homme et la femme : telle tâche prescrite à l'un est interdite à l'autre. Seulement on ne voit nullement, comme le voudraient ceux qui croient que la physiologie gouverne tout, que la diversité des facultés qui tiennent aux sexes préside à la division des fonctions.

Un des traits les plus nets de l'économie domestique primitive, selon M. René Maunier, c'est son « dualisme » essentiel. Par principe, pourrait-on dire, les occupations des hommes et celles des femmes sont différentes. Chez les Iroquois comme en Australie, la chasse et l'élevage sont le plus souvent réservés à l'homme; à la femme la culture de la terre. À Madagascar, les deux sexes pêchent, mais chacun ses espèces de poisson. Aux Nouvelles-Hébrides la fabrication des paniers est travail de femme ; en Mélanésie la fabrication des cordes. Dans l'Ouganda, les hommes gardent le monopole de la traite des vaches. Au marché d'Ibanschi, ce sont les femmes qui vendent les fruits de la terre, et aussi les étoffes, les nattes, les poteries : le hommes vendent les chèvres et le vin. Dans les contrées que Livingstone a traversées il fut témoin d'une famine qui tenait à ce qu'on manquait de femmes pour moudre le blé : les hommes aimaient mieux se laisser mourir de faim plutôt que d'entreprendre un travail de femmes.

Peut-on ramener à une unité supérieure tous les faits de cette sorte, et déterminer une catégorie d'occupations qui apparaîtrait dans toutes les sociétés comme la vocation de la femme ? On l'a quelquefois essayé. M. G. Richard, par exemple, loue la femme d'avoir créé l'agriculture : ce serait sa chose son oeuvre propre, son don à l'humanité. Il ne semble pas que le fait se vérifie partout : non seulement parce que les femmes se trouvent assumer nombre de métiers « industriels » comme le tissage ou la poterie ; mais parce qu'on voit parfois, - chez les Bassoutos, par exemple - non seulement le soin du bétail mais le défrichage du sol réservés à l'homme. Ce qui se vérifie partout, c'est seulement le principe de la séparation : il suffit, dirait-on, qu'un genre de travail soit exécuté par les femmes pour que les hommes s'en abstiennent et réciproquement.

Comment expliquer ce dualisme ? Par la seule inégalité des forces respectives des sexes ? De ce qu'il y a un « sexe faible » il résulterait, non pas que les besognes les mieux adaptées à sa faiblesse lui sont réservées, mais au contraire que les plus fatigantes ou les plus rebutantes lui sont assignées, le fort ne cherchant guère à utiliser sa force que pour en abuser. Il semble bien que dans un certain nombre de cas les choses aient dû se passer ainsi. Dans son livre sur les sociétés primitives d'Afrique, le Docteur Cureau dit combien de fois il a vu passer les femmes surchargées de fardeaux, portant toutes les denrées, tous les outils dont le ménage peut avoir besoin, sans parler des enfants : derrière elles, l'homme apparaît, se dandinant, libre de ses mouvements, muni de sa seule sagaie, image d'une force à la fois tyrannique et paresseuse.

Il n'est pas rare, à vrai dire, que l'homme s'impose un rude effort ; mais ce sera de préférence à la guerre, ou à la chasse, là où l'on peut briller par un exploit. Selon la fine remarque de Thornstein Veblen dans son livre sur les Loisirs et les Classes, l'homme se réserve la « prouesse », laissant à la femme les « corvées ».

Il ne faudrait pas croire pourtant que seul l'égoïsme masculin, imposant la loi du plus fort, explique toutes les façons dont le travail se divise entre les sexes : nous serions loin de compte. En réalité, la séparation des tâches entre les sexes apparaît le plus souvent comme une obligation morale ; elle se rattache à un système d'interdictions d'origine *religieuse,* celui-là même qui veut que les sexes se tiennent à distance l'un de l'autre, comme s'ils étaient dangereux l'un pour l'autre. Dans nombre de sociétés ne *relève-t-on pas* des traces de cette différenciation générale, portant non seulement sur la production, mais sur la consommation, mais sur l'habitat, mais jusque sur le langage ? Dans presque toute l'Océanie, hommes et femmes mangent à part. Chez les Kurmaï les garçons ne mangent que les animaux mâles, et les filles les femelles. Au Brésil, la cuisine restait végétarienne pour les femmes. En Australie, en Malaisie, un camp spécial, ou des chambres spéciales sont assignées aux femmes. En Micronésie chaque sexe conserve ses tours de phrase propres. Chez les Caraïbes, les deux vocabulaires demeurent nettement distincts.

À travers ce réseau de prohibitions, un sentiment très général se laisse entrevoir, auquel les sociologues ont avec raison attribué une grande importance : c'est l'espèce d'inquiétude que le primitif éprouve devant la femme ; celle-ci lui apparaît, à de certains moments, comme un être particulièrement redoutable. On sait que dans nombre de sociétés primitives les mariages sont interdits

Célestin Bouglé

entre membres du même clan, entre descendants du même totem : l'espèce d'horreur sacrée qu'inspire ce sang totémique qui reparaît périodiquement chez la femme serait, selon Durkheim, la cause originelle de la répulsion provoquée par l'inceste. Maïs toute femme porte en elle quelque chose de ce principe de vie, à la fois attirant et terrible. Toute femme est un mystère vivant. De là sans doute l'espèce de charme dont les femmes demeurent auréolées. De là aussi, les interdictions de toutes sortes dont elles sont l'objet, la vie à part qu'elles doivent mener, les tâches spéciales qui leur sont assignées.

Ce qui revient à dire qu'une consigne attachée à des croyances superstitieuses, un tabou primitif, est à l'origine de nombre des exclusions dont la femme a été la victime. Si elle n'a pu tenter toutes les voies et donner librement sa mesure, la situation sociale qui lui a été faite en est responsable plus que ses aptitudes organiques, l'histoire plus que la physiologie, un préjugé antique plus que la nature des choses.

*

* *

Mais les portes qu'une croyance primitive lui avait fermées, le développement de la vie économique devait les lui ouvrir. Lorsque surtout il prend l'allure industrielle les transformations qu'il impose à la famille même sont autant de raisons pour la femme d'assumer des fonctions qui, jusqu'alors lui étaient interdites, autant de moyens pour elle de faire ses preuves en dehors du cercle où elle a été longtemps enfermée.

On l'a justement observé; les plus profondes raisons de la subordination où a été tenue la femme sont dans la structure même de la famille patriarcale. Le père est le pontife de la religion des ancêtres; il est le chef et le représentant d'un petit État ; il est aussi l'organisateur du travail sur un domaine qui fait vivre tout un petit monde. Il ne saurait supporter, de la part des femmes, aucune tentative d'émancipation. Mais justement l'évolution qu'a ,subie la civilisation occidentale, sous la pression de toutes sortes de forces, n'a-t-elle pas altéré profondément la constitution de la famille ? La famille n'est plus une Église, remarque M. Lapie ; la famille n'est plus un État ; la famille n'est même plus un atelier. Elle est de moins en moins le domaine clos qui se suffit à lui-même, où l'on ne produit que ce qu'on doit consommer sur place, où l'on ne consomme que ce que l'on peut produire. Le stade de l'économie domestique fermée est depuis longtemps dépassé. Depuis combien de temps au juste ? Les économistes en discutent. Selon M. Karl Bücher, il aurait fallu un long effort, brisant toutes sortes de résistances, abaissant les barrières des provinces, constituant enfin les nations pour que l'humanité apprît à produire en vue du bénéfice, en songeant à une clientèle indéterminée et indéfinie. Pour M. Edouard Mayer l'antiquité a déjà fait une large part à ces préoccupations: le commerce y avait ses coudées franches, et on y savait produire en grand pour le dehors. Une chose est sûre dans tous les cas : c'est que les proportions des deux systèmes économiques - le système domestique fermé et le système commercial ouvert - sont changés du tout au tout par l'apparition de la grande industrie. Elle réduit les fonctions économiques de la famille à la portion conrue. Même en matière de consommation elle enlève ait ménage nombre de ses attributs. En tout cas elle appelle au dehors, pour le service de l'usine, non seulement les hommes, mais les femmes en nombre croissant : elle crée pour celles-ci et la nécessité et des possibilités nouvelles de gagner leur vie ailleurs qu'au foyer. Ici aussi la « révolution industrielle » aidée par la science a fait sentir des effets d'une portée incalculable.

Est-il besoin d'ajouter que la secousse de la guerre a agi dans le même sens ? Cent barrières qui subsistaient sont tombées d'un seul coup. Une véritable mobilisation féminine a suivi la mobilisation militaire. Pour remplacer les hommes appelés aux armées, la femme a occupé toutes sortes de situations qui leur étaient jusqu'alors interdites. Elle s'est révélée la suppléante quasi-universelle.

Croit-on que de pareils « avènements » puissent se produire sans faire impression sur la conscience collective ? sans modifier les jugements de valeur que l'on porte sur la femme ? Qui prouve ainsi sa capacité économique, on aura de la peine à l'empêcher de prouver aussi sa capacité politique. On laisserait faire au sexe faible tous les gestes ou presque de la production : seul le geste auguste de l'électeur lui resterait interdit ? Il y a là une sorte d'illogisme qui fera bientôt, même chez nous, l'effet d'un anachronisme.

Célestin Bouglé

*
* *

Un autre argument assez fort - et qui est encore à sa manière un argument sociologique - vient *d'ailleurs au secours* de nos féministes : c'est que le nombre des « pays émancipés », comme elles disent, va croissant, autour de nous : c'est que la reconnaissance du droit politique de la femme devient une manière de fait international. En Amérique comme en Angleterre, en Belgique comme en Allemagne, sous des larmes variées, à des degrés divers, les femmes, citoyennes, électrices ou représentantes, font en ce moment leurs preuves. Et l'on ne voit pas que leur intervention déclanche des catastrophes. Au contraire, il semble bien qu'elle contribue à imposer à l'attention des assemblées et des gouvernements les problèmes auxquels la femme a des raisons particulières de s'intéresser : ceux qui touchent à la santé de la race, à celle de l'enfance, au bien-être du foyer.

Devant de pareilles expériences, les pays qui n'ont pas encore accordé le droit de vote aux femmes se sentent comme humiliés en même temps que débordés. Ils comprennent bien qu'ils ne pourront arguer longtemps des circonstances particulières à chaque nation. Les ressemblances l'emportent ici sur les différences, les convergences doivent l'emporter sur les divergences. Dans toutes les nations où la civilisation occidentale est installée, la science et l'industrie produisent des efforts analogues ; et la démocratie ne peut manquer d'y achever ses conquêtes, conformément à la logique des idées égalitaires, en faisant au féminisme sa juste part.

Producteurs et Coopérateurs [1]

Au Congrès des Instituteurs, qui s'est tenu au Havre, lorsque la question est venue de l'orientation à donner à l'enseignement public, l'un des rapporteurs a proposé cette définition préalable : « L'objet de l'enseignement est de former des producteurs. » L'assemblée n'a pas complètement adopté ce point de vue. Elle a hésité, dit-on, à jeter par-dessus bord la vieille idée classique : « L'objet de l'enseignement est de former des hommes. » Mais à aucun moment, semble-t-il, personne ne s'est levé pour faire entendre que l'enseignement pourrait bien avoir comme objet principal de former des coopérateurs. La formule ne s'est présentée à l'esprit d'aucun des maîtres qui préparent directement à la vie le peuple de demain.

Petit fait, mais révélateur, et qui mérite de faire réfléchir les amis de la coopération.

*

* *

La philosophie des Producteurs continue à tenir le haut du pavé. Personne n'hésite à. se ranger sous sa bannière. Le mot même paraît receler en lui une sorte de noblesse supérieure : la vraie noblesse des temps modernes.

Mesurons d'abord ce prestige. Analysons cette valeur en recherchant d'où elle vient et où elle va, à quoi elle tient et à quoi elle tend.

L'apologie de la production qu'en chante ainsi de tous côtés, sur tant de tons différents, peut apparaître comme la synthèse de deux traditions que nous, avons les meilleures raisons de trouver excellentes. Beaucoup d'amis de la coopération ont contribué pour leur part à les remettre en honneur. Elles sont les deux plus beaux fleurons de la couronne d'idées façonnée par la France dans la première moitié du XIXe siècle : Saint-Simonisme et Proudhonisme.

À tout seigneur tout honneur ; quiconque dit *Production d'abord*, ne peut pas ne pas songer aux Saint-Simoniens les premiers. Quand l'auteur du *Catéchisme des Industriels* réclamait pour ceux-ci la première place dans le monde moderne, c'est bien leur rôle dans la

1 *Publié par la Revue des Études Coopératives.*

Célestin Bouglé

production qu'il faisait valoir. Et quand ses disciples propageaient cette formule fameuse, - d'ailleurs équivoque - « la réhabilitation de la chair », ils pensaient bien à célébrer, entre autres choses, la gloire du Travail, qui rend possible l'exploitation du globe par l'humanité.

Veut-on comprendre par opposition quelles sortes de valeurs le Saint-Simonisme entend mettre ainsi en lumière ? Qu'on relise d'abord l'Apologue des Abeilles et des Frelons, qui devait conduire le fondateur de la secte au tremplin de la Cour d'Assises. Aux courtisans et aux rentiers il oppose chimistes et physiciens, menuisiers et forgerons ; à ceux qui ne font que consommer, tous ceux qui, de près ou de loin, directement ou indirectement, font effort pour asservir la matière aux besoins des hommes. Il déclare la guerre aux parasites, à ceux qui, selon l'énergique expression &'Auguste Comte, Saint-Simonien dissident, ne produisent que du fumier.

D'autre part, quand il demande que les industriels prennent une place de plus en plus large dans les conseils du Gouvernement, quand il espère qu'ils en transformeront les méthodes, en substituant au gouvernement des personnes cette administration des choses à laquelle la pratique des affaires les a habitués, quel est l'ennemi que Saint-Simon vise et pourfend ? Ce n'est pas seulement le « sabreur », c'est le « parleur », c'est celui qui, n'ayant jamais mis la main à, la pâte du travail ni mené une affaire par lui-même, s'imagine qu'avec du papier on peut tout arranger, avec des mots tout réformer. En bref, sans qu'il le nomme, c'est bien le politicien que Saint-Simon désigne et dénonce, en faisant effort pour substituer les principes de l'ordre économique à ceux de l'ordre politique.

« Guerre aux parasites » et « à bas les politiciens », voilà les deux principales leçons, les deux mots d'ordre des Saint-Simoniens. Il n'est pas étonnant dès lors que leur tradition serve de point de départ et de point d'appui à quiconque désire voir passer au premier plan, dans la vie sociale d'aujourd'hui, le souci « productiviste ».

En fait, ce sont bien des souvenirs saint-simoniens qui brillent, comme autant d'étoiles directrices, devant les yeux de beaucoup d'apologistes contemporains de la production. Charles Rist écrivait dans la Revue d'économie politique, au lendemain de la guerre :

« C'est avant tout d'une résurrection du Saint-Simonisme que nous aurions besoin. » Et une revue s'est fondée, sous l'impulsion d'industriels intellectuels, qui a arboré, comme un drapeau, le même titre qu'avaient choisi les disciples de Saint-Simon pour leur revue en 1825 : *Le Producteur*. La revue, en même temps qu'elle apporte nombre de renseignements bien ordonnés sur les diverses formes de la production, évoque utilement les grandes réalisations saint-simonniennes. S'inspire-t-elle aussi, dans la philosophie qu'elle défend, de l'esprit Saint-Simonien ? C'est une autre question. On voit surtout jusqu'ici, dans ses principaux articles, des apologies de l'initiative individuelle, des plaidoyers en faveur du chef d'industrie inventeur et organisateur. Les Saint-Simoniens étaient plus sociologues, nous semble-t-il, et aussi plus socialistes [1].

Ce qui reste vrai, c'est que, même lorsqu'ils inclinent vers le socialisme, les Saint-Simoniens demeurent des « hiérarques », comme disait B. Constant. Ils croient au droit supérieur des capacités organisatrices. Ils font aussi peu de place que possible, dans leur système, à l'esprit démocratique.

C'est pourquoi sans doute il était nécessaire, avant que la notion Saint-Simonienne de producteur jouât un grand rôle dans la vie sociale d'aujourd'hui, que cette idée traversât le fleuve bouillonnant du proudhonisme. Là elle pouvait prendre un bain d'esprit démocratique, et se préparer à servir une forme de syndicalisme à laquelle les Saint-Simoniens, ces grands organisateurs d'associations financières, n'avaient guère pensé : le syndicalisme ouvrier [2].

Proudhon, lui aussi, veut que l'administration des choses se substitue au gouvernement des personnes et que la politique se résorbe dans l'économique. Mais il n'entend pas que l'ouvrier cède à une aristocratie quelconque le soin de fixer sa destinée. L'auteur de la *Capacité politique des classes ouvrières* rêve d'une véritable

1 C'est ce que nous nous efforçons de mettre en lumière dans l'introduction d'une nouvelle édition de la *Doctrine de Saint-Simon* que nous faisons paraître à la librairie Rivière (en collaboration avec M. Élie HALÉVY).

2 Non qu'ils l'aient méconnu tout à fait, nous l'avons indiqué nous-même (*Chez les Prophètes socialistes, chap. I, Saint-Simoniens et ouvriers*). Mais l'idée n'occupe *pas,* dans leur système, une place proportionnée à celle qu'elle devait prendre dans la réalité.

Célestin Bouglé

« démocratie industrielle ». Et c'est justement pour la réaliser qu'il appelle les travailleurs à s'unir en prenant conscience du grand rôle qu'il leur est assigné.

Dès lors, l'apologie du producteur devait prendre un autre ton : c'est vraiment l'apologie du travailleur que Proudhon écrit, et de celui qui travaille de ses mains, munie la matière, gagne son pain quotidien à la sueur de son front. Relisez le fameux hymne au travail de la Justice dans la Révolution et *dans l'Église*.

« Volupté intérieure à laquelle le recueillement de la solitude n'est pas moins favorable que les excitations de l'atelier et qui résulte, pour l'homme de travail, du plein exercice de ses facultés : force du corps, adresse des mains, justesse de l'esprit, puissance de l'idée, orgueil de l'âme par le sentiment de la difficulté vaincue, de la nature asservie, de la science acquise, de l'indépendance assurée : communion avec le genre humain par le souvenir des anciennes luttes, la solidarité de l'œuvre et la participation égale au bien-être [1] ».

Analyse d'une richesse admirable. Mais ce n'est pas à la psychologie du chef qu'elle convient. C'est à celle de l'artisan.

Nous disons bien de l'artisan, plutôt que de l'ouvrier proprement dit : l'ouvrier de la grande industrie. Car le travail qui transforme l'homme en appendice de la machine faisait horreur à Proudhon. Toutefois, ceux mêmes qui sont comme engrenés aujourd'hui dans le mécanisme de la grande industrie conservent encore la fierté de manier directement la matière, de contribuer à créer, par leur effort quotidien, les mille formes utilisables. Et ils sentent qu'en dépit des transpositions nécessaires, l'auteur de la Justice reste leur homme : la hiérarchie des valeurs telle qu'il l'établit est précisément celle qui ferait passer leur travail au premier plan. Elle leur fournirait des titres, des raisons ide se dresser non seulement contre le parasite et le politicien, mais d'abord contre l'exploiteur.

C'est pourquoi il est logique que des esprits les plus réfléchis et les plus informés, dans la classe ouvrière d'aujourd'hui, souhaitent une sorte de retour à Proudhon. Les rédacteurs de l'Atelier ont pu

---

1 *De la Justice dans la Révolution et dans l'Église, II*, pp. 333-336. Le passage est cité et commenté dans les pages choisies : Proudhon *et l'enseignement du peuple,* par Berthod et Guy-Grand : (Collection des Amis de Proud'hon. Chiron, éditeur). Voir, dans la même collection le *Proudhon moraliste,* de Gabriel SÉAILLES.

Producteurs et Coopérateurs

prendre le titre d'un journal ouvrier qui fut fondé par les disciples de Buchez : c'est bien l'esprit de Proudhon qui anime la plupart d'entre eux. Lorsque Jouhaux répète : « l'atelier remplacera le gouvernement », on voit clairement la philosophie des producteurs, telle que le syndicalisme ouvrier la comprend, s'alimenter aux sources du proudhonisme.

Il n'est pas étonnant que tant de grands souvenirs, mêlés à de si vastes espérances, composent à la figure du producteur une auréole d'un éclat incomparable et comme insoutenable. Quiconque parle en son nom, alléguant, comme dit Pierre Hamp, « la peine des hommes », créatrice infatigable des, richesses dont vivent les sociétés, parle avec une autorité qu'on hésite aujourd'hui à mettre en discussion. Quiconque veut aller à l'encontre des revendications ainsi présentées, fait l'effet d'un audacieux, pour ne pas dire d'un impie.

*

* *

Mais est-il donc vrai que les Coopérateurs, comme quelques critiques voudraient le faire croire aujourd'hui, adoptent de gaîté de cœur cette situation difficile et ce rôle ingrat ? Est-il vrai qu'ils prennent position contre les revendications, les thèses et la philosophie même des Producteurs ?

Coopérateurs contre Producteurs, l'antithèse est facile, et on ne manque pais d'en user. Les choses sont moins simples. Il ne faut pas dire ni laisser dire que la philosophie de la Coopération contredit en tout et pour tout celle de la Production. Mais il est très vrai que sur certains points l'idée coopérative complète ou limite l'idée productiviste, de façon qui nous paraît conforme à l'intérêt général. Il importe de préciser les rapports entre ces deux idées, pour voir comment et dans quelle mesure elles s'ajustent l'une à l'autre [1].

1 Il faut avouer qu'on abuse de cette antithèse. Il arrive Même que pour la rendre plus frappante, on résume sans fidélité la pensée des coopérateurs. Dans un article du journal *Le Peuple* du 10 avril 1921, intitulé *les principes de la coopération* et signé Adolphe Hodée, je relève le passage suivant : « Les néo-coopératistes opposent à la philosophie du syndicalisme une éthique de la consommation. Poisson le dit dans son ouvrage : « Le travail est dégradant, il répugne à la nature humaine ; l'acte de consommation est plus près des morales antiques parce qu'il fait aimer la vie. »

Célestin Bouglé

Écartons d'abord une solution trop facile. Pour amoindrir la distance entre coopérateurs et producteurs, on pourrait insister à plaisir sur certaines formes de coopération : la coopérative de production est le point de rencontre indiqué, le confluent des deux tendances. On le rappelait récemment dans la *Revue des études coopératives* [1] ; les fondateurs des associations ouvrières de production y cherchaient, selon la formule de Buchez, « une institution qui permette aux hommes de profiter d'une manière entière du produit de leur travail ». Suppression de l' « entrepreneur-parasite », abolition de la « dîme » prélevée par le capital sur le travail, ces objectifs classiques, les producteurs ouvriers ne peuvent-ils pas les atteindre de la meilleure manière en organisant eux-même leur travail et en vendant leurs produits ? On sait que sur ce point les espérances de 48 ne se sont pas toutes réalisées. L'idée s'est heurtée à beaucoup d'obstacles. Les coopératives de production sont restées enfermées entre des limites assez étroites. Elles n'ont pas dit leur dernier mot pourtant. Ne les voit-on pas renaître à l'heure actuelle dans ce *socialisme des ghildes qui trouve* moyen, semble-t-il, d'amalgamer la forme corporative et la forme coopérative ? L'avenir n'est pas fermé de ce côté-là. La coopération

---

Or, dans le livre de M. Poisson auquel il est fait allusion : *La République coopérative* (Grasset, 1920) je ne trouve rien de si tranchant. Après avoir rappelé que la coopération vise à une organisation telle que le bonheur de chacun y serait fait du bonheur de tous, M. Poisson ajoute : « *Est-ce à dire que le travail doit être considéré sinon comme dégradant, au moins comme châtiment ? Ni l'un, ni l'autre.* »

« Le travail, celui qui n'est pas fait par plaisir mais pour vivre doit être considéré comme un devoir envers la Société, c'est la charge sociale. Personne ne doit pouvoir s'y soustraire, il suffit qu'on rende l'accomplissement de ce devoir aussi facile que possible ; mais quelle erreur de comparer le travail de l'artiste ou du savant, cause des joies les plus pures avec les travaux forcés de l'humanité, nécessaires à tous pour que la civilisation continue.

Relevons encore ce passage du même article du *Peuple* :

« Produire dans un effort loyal jet judicieux, c'est donner la totalité de ses facultés physiques et morales pour le bien-être de l'humanité. Consommer étant dépenser pour son intérêt particulier la plus grande somme de produits, il y a loin de là à une morale de progrès. »

Ici encore l'antithèse nous paraît abusivement forcée. Les producteurs en se syndiquant ne rougissent pas de défendre leur bien-être, et, d'autre part, il est trop clair que pour pouvoir continuer à produire il faut consommer. Enfin, une consommation rendue plus facile n'exclut nullement, elle rend possible, au contraire, la tendance à satisfaire des besoins supérieurs.

1 Voir dans le n° 4 de septembre 1922 l'article de M. Cuvillier sur Buchez.

de travail dans l'usine même, c'est une forme de démocratie industrielle dont les producteurs apprendront peut-être à se servir utilement.

Mais n'insistons pas pour l'instant sur cet aspect de la question. Il est bien évident que, lorsqu'on évoque la doctrine coopérative et les services qu'elle peut rendre, c'est à autre chose qu'on pense : la coopérative de consommation, voilà l'institution caractéristique, la prépondérance assignée au consommateur, voilà la tendance propre à la coopération.

C'est précisément ici que le bât blesse ou du moins c'est ici qu'on voudrait le rendre blessant. Se placer au point de vue du *consommateur*, réclamer pour lui une sorte de souveraineté, n'est-ce pas aussi substituer, à la morale des producteurs, on ne sait quel utilitarisme assez plat ? L'attitude du producteur luttant contre la matière est belle en soi. Son effort implique toutes sortes de vertus exaltantes. Rien de pareil dans l'attitude du consommateur. On laisse volontiers entendre que celui-ci se borne à absorber, - et à digérer. Son souci du bien-être n'a rien de poétique. Du moins les vertus d'économie que ce souci enseigne sont-elles des vertus de gagne-petit, pour ne pas dire de grippe-sous. Et ainsi de proche en proche, par une série de glissements d'idées trop faciles, on arriverait à opposer le Coopératisme au Productivisme comme, à une morale d'hommes d'action, ingénieurs ou ouvriers, une morale de boutiquiers.

Demandons la permission d'esquisser ici les distinctions qui s'imposent.

On déprécie l'utilitarisme. À ses préoccupations, à ses calculs on oppose l'action créatrice, centre de la conscience, valeur suprême pour les producteurs. Et il est très vrai qu'il y a dans l'effort en lui-même non pas seulement une beauté, mais une vertu supérieure. Lorsqu'on travaille « en conscience », lorsqu'on œuvre bien pour bien œuvrer - sans la préoccupation du bénéfice ou du salaire - on est artiste en même temps qu'ouvrier : on absorbe sa person-nalité dans la chose même qu'on façonne : on atteint ainsi à une sorte d'extase par l'action qui est un des plus hauts et des plus purs sommets de la vie humaine. Seulement, avons-nous le droit de demander au producteur de se maintenir en tout et pour tout à ces hauteurs ? Allons-nous décréter que l'effort créateur est pour tous la fin suprême, la fin en soi ? Normalement l'effort créateur est un moyen. On lutte contre la matière, c'est pour entretenir la vie. On transforme les éléments : C'est pour fournir des aliments à ce transformateur supérieur qu'est le corps humain, tans lequel l'esprit n'aurait pas de point d'appui, pas de levier, pas de moyen d'action en ce bas monde.

Je me souviens d'avoir entendu, dans les Arènes de Béziers, une magnifique fin de conférence de Jaurès. Il chantait à sa manière le Travail-Roi : il disait la joie et la gloire d'œuvrer, de tisser la toile, de retourner la glèbe, de tailler la vigne. Mais étaient-ce seulement Ces gestes augustes, comme gestes, qu'il admirait et voulait nous faire admirer ? Derrière le travail en action, il évoquait les foules enrichies, nourries, vêtues, réchauffées par la grâce de son mariage avec la nature. Il louait le producteur-serviteur, pourvu que celui-ci fût, en effet, le serviteur de tous, et non pas l'esclave de quelques-uns. Il se réjouissait de la masse croissante des produits mis à la portée de consommateurs de plus en plus nombreux. Bref, il commentait le mot dont on a tant de fois abusé : « Nous ne sommes pas des ascètes. »

Il fut un temps - au temps de Rousseau ou même de Babeuf - où le socialisme affectait volontiers l'attitude ascétique. Il demeurait « spartiate » et eût réduit aisément le peuple émancipé à la portion congrue. Il a décidément pris, au cours du XIXe siècle, la direction que Buonarroti appelait « athénienne ». Il a souhaité une production accrue pour une consommation élargie. Quand les Saint-Sinioniens, véritables ancêtres du socialisme productiviste, s'attelaient à ce qu'ils appelaient la réhabilitation de la matière, ils songeaient, disions-nous, à remettre en honneur le culte du travail ; mais ils légitimaient du même coup le souci du bien-être. Ce que Saint-Simon, tout le premier, reproche le plus véhémentement au christianisme, soit catholique, soit protestant, n'est-ce pas de n'avoir pris assez à cœur l'amélioration, tant matérielle que morale, du sort du plus grand nombre ? Quand les ouvriers eux-mêmes reprennent en main la tradition productiviste, ils ne manquent pas d'insister non seulement sur l'éminente dignité du travailleur, sur sa « capacité politique », mais sur son droit à la vie. Et il y a longtemps que les syndicats ont inscrit, tout exprès sur leur

Producteurs et Coopérateurs

bannière : « *bien-être* et liberté ».

*

* *

C'est assez pour prouver que l'utilitarisme, si utilitarisme il y a, n'est pas le monopole de la doctrine coopérative. Ce n'est pas sur le principe, c'est plutôt sur la façon d'entendre et les meilleurs moyens de défendre l'intérêt du plus grand nombre qu'il peut y avoir désaccord, entre partisans de la coopération et apologistes de la production : le but étant admis, un problème d'organisation pratique reste à résoudre, pour lequel diverses solutions se présentent.

Ceux qui répètent le mot d'ordre : « Production d'abord ! », ne pensent pas sans doute que celui-ci suffise pour résoudre ce qu'on appelle la question sociale, pour harmoniser les intérêts, pour parer à toutes les difficultés de la répartition. À vrai dire, ils ne sont pas sans remarquer que ces difficultés sont moins vives, et les luttes sociales moins âpres quand la production bat son plein. À la racine de l'optimisme productiviste, il y a cette conviction que, dans les pays et les temps où l'activité industrielle est exubérante, on se chicane moins pour le partage des bénéfices : à ratelier garni, chevaux tranquilles. Il reste évident, néanmoins, que la production ne remplit son office normal que si elle s'adapte à la consommation, et il n'est pas sûr que cette adaptation, se fasse toujours toute seule. Quantité et qualité des produits à jeter sur le marché, partage des matières premières, des tâches et des débouchés, il n'est pas sage de laisser tout cela au hasard. Des crises surviennent qui font bien voir, avec une clarté aveuglante, la nécessité des ententes. Les meilleurs des productivistes l'avaient au surplus prévu avec netteté, qui refusaient de s'en tenir à ce que Cournot appelle le fatalisme du laissez-faire : ce n'est pas sans raison que les Saint-Simoniens, fondateurs du *Producteur,* fondent aussi *l'Organisateur*. Ils savaient bien que produire utilement, ce n'est pas seulement lutter avec, les choses, c'est s'entendre avec les hommes. Ce n'est pas seulement transformer des quantités croissantes de matières : c'est coordonner les activités pour le meilleur entretien de la vie humaine.

Tout le problème est de savoir si, pour atteindre cet idéal, la meilleure méthode est de laisser faire les producteurs, d'admettre

Célestin Bouglé

que leur point de vue doit tout primer et que, s'ils peuvent seulement se partager un large butin, tout est pour le mieux dans le meilleur des mondes. Voilà précisément ce que le coopératisme conteste. À ses yeux, il y a un intérêt vraiment primordial parce qu'universel : celui du consommateur. Car les producteurs peuvent bien être répartis en catégories d'intérêts opposés. Mais tout le monde est consommateur. Tout le monde a donc intérêt à ce que la vie coûte aussi peu cher que possible et à ce que soit rétrécie de plus en plus la dîme du profit prélevée sur les produits. Or, n'arrive-t-il pas que lorsqu'on se place en tout et pour tout au point de vue du producteur on oublie, on piétine cet idéal? Un des résultats fâcheux des luttes entre catégories de producteurs n'est-il pas de pousser à la recherche du sur-profit? Les ouvriers groupent leurs forces pour obtenir du chef d'entreprise un plus haut salaire. Où celui-ci, ordinairement, cherche-t-il une compensation ? Dans le relèvement des prix. Ainsi trop souvent, lorsque, fatigués de leurs luttes, les producteurs concluent entre eux la paix, c'est aux dépens, c'est sur le dos des clients. La hausse des prix ce déclanche. Si bien que, vient un moment où le producteur ouvrier, qui est le consommateur le plus près de ses pièces, s'aperçoit avec consternation, en comparant ce qu'il touche et ce qu'il achète, que la hausse des salaires, si chèrement obtenue, ne lui aura servi de rien. Il en aura été, comme l'on dit, le mauvais marchand. Les quelques francs de plus qu'il a arrachés au patron, le boutiquier, en un tour de main, les lui soutire.

L'heure du Coopérateur sonne alors. Il est bien armé pour faire comprendre comment son effort complète et limite utilement celui du Producteur en lutte pour son droit à la vie. Il peut démontrer que l'ennemi véritable, l'ennemi universel, c'est le sur-profit ; c'est cette marge qu'il faut d'abord réduire si l'on veut que soit sauvegardé l'intérêt du plus grand nombre ; c'est par l'entente des consommateurs, devenant enfin leurs propres vendeurs, et profitant eux-mêmes de leurs achats, l'on supprimera la dîme onéreuse perçue par l'intermédiaire.

*
* *

Il est à noter qu'en opérant ce changement de point de vue, ou

Producteurs et Coopérateurs

si l'on veut, cette conversion stratégique le coopérateur peut se vanter de conserver le même objectif que le producteur ouvrier. Il garde les mêmes adversaires. Le travailleur, disions-nous, se pose en opposant au *politicien,* au *parasite, à l'exploiteur.* Mais, dans une République coopérative, aucun de ces personnages ne serait à l'aise [1]. Les coopérateurs savent mieux que personne que la réorganisation économique rêvée ne s'obtiendra pas à coups de décrets, après des batailles de discours ; ils voudraient, eux aussi, résorber la politique dans l'économie. D'autre part, ils n'auraient aucune raison de respecter les « revenus sans travail », lesquels ne peuvent subsister que dans un monde où le sur-profit est la règle. Ce qui reste vrai, c'est que l'exploiteur est surtout dénoncé par eux sous l'aspect de *l'intermédiaire,* tondeur quotidien du pauvre monde. En ce sens, il est exact qu'ils se rattachent par-dessus, tout à la tradition fouriériste : puisque Fourier, fils de boutiquier, s'est montré, de tous les ancêtres du socialisme, le plus sévère pour les méfaits de la boutique.

Qu'on cesse donc de *dire, en* parlant de la philosophie de la coopération : « Morale de boutiquiers. » Les coopérateurs ne se font boutiquiers que pour détruire les mœurs et l'esprit classique de la boutique. Lorsqu'ils s'organisent, non pas seulement pour se préparer de belles ristournes, mais pour empêcher le niveau des prix de monter abusivement, ils ont conscience de travailler pour tout le monde, de saper un des plus forts piliers de l'injustice économique, de commencer à limiter cette guerre de tous contre tout ce qui reste trop souvent la règle dans le monde de l'industrie moderne.

En bref, cette philosophie utilitaire est d'abord, elle est essentiellement, une *philosophie solidariste.* Elle donne un corps actif, elle fournit les moyens, d'action les plus directs à cette doctrine de la solidarité dont on avait espéré naguère qu'elle vivifierait notre enseignement moral.

Il faut souhaiter que des esprits de plus en plus nombreux dans l'Université comprennent la grandeur de ce programme. Il faut souhaiter qu'au prochain Congrès des Instituteurs, il s'en trouve quelques-uns pour défendre cette thèse : « L'un des meilleurs

---

1 Voir dans le n° 4 *de la Revue des Études Coopératives,* l'article de M. Poisson, sur l'expérience russe des coopératives.

Célestin Bouglé

objectifs que puisse se proposer l'éducateur, c'est de former des coopérateurs. »

ISBN : 978-1514249406